Christine Jung

Taunus-Schätze

Christine Jung

Taunus-Schätze

Meisterwerke schreiben Geschichte(n)

SOCIETÄTS
VERLAG

Layout & Satz: Julia Desch, Societäts-Verlag
Umschlaggestaltung: Julia Desch, Societäts-Verlag
Umschlagabbildung: Jochen Reichwein
Druck und Verarbeitung: Print Consult GmbH, München
Printed in EU 2018

ISBN 978-3-95542-293-6

FSC
www.fsc.org
MIX
Papier aus verantwortungsvollen Quellen
FSC® C084279

Inhalt

Liebe Leserinnen und Leser,

das Sammeln ist eine menschliche Leidenschaft, der große Kraft innewohnt. Manchmal ist Jagdinstinkt nötig, um die ersehnten Objekte zusammenzutragen, manchmal sind es Zufälle, die sich ergeben, um Sammlungen wachsen zu lassen. Spannung und Glücksgefühle sind die bekannten und ersehnten Nebenwirkungen beim Sammeln und Jagen.

Besonders wichtig sind die öffentlichen Sammlungen, die sich der Geschichte eines Ortes oder einer Region widmen. In ihnen ist das kulturelle Gedächtnis einer Gemeinschaft lebendig; anhand ihrer Objekte wird Geschichte erfahrbar. Jede Stadt und Gemeinde im Hochtaunuskreis hat wenigstens einen solchen Hort, in dem Schönes und Bedeutendes aufbewahrt und liebevoll präsentiert wird. Das Spektrum reicht von großen, professionell geführten Häusern bis zu kleinen Einrichtungen, die vom leidenschaftlichen Engagement eines Vereins leben.

Der Wert eines Museumsstücks liegt nicht allein in Ästhetik und Material. Er liegt vielmehr in seiner historischen Bedeutung, in den Geschichten, die es erzählen kann, wenn man es zum Sprechen bringt. Dieses „zum Sprechen bringen“ ist die große Leistung der Museen.

Der Societäts-Verlag hat es mit diesem Band unternommen, aus den umfangreichen Beständen der Stadt- und Heimatmuseen einzelne Objekte auszuwählen und deren erstaunliche Geschichten zu erzählen. Denn oftmals wird die Bedeutung eines Objekts nicht auf den ersten Blick ersichtlich, bleibt Geheimnis und erschließt sich erst im besonderen Kontext: Man sieht nur, was man weiß.

Ich freue mich sehr, dass auf diese Weise unsere „Taunus-Schätze“ in neuem Licht stehen, glänzend und verlockend. Mit der besonderen Auswahl an „objets trouvés“ in diesem Band wird der nächste Besuch in einem der vorgestellten Museen auch für Sie als Besucher zur Schatzsuche, die Stöbern und Staunen verspricht.

Mein Dank gilt allen, die an der Auswahl und den Recherchen beteiligt waren, allen voran Christine Jung, die als Herausgeberin des Bandes fungiert. Danken will ich auch dem Societäts-Verlag, der sich in bewährt guter Zusammenarbeit seit langem mit Publikationen zu Kultur und Historie des Hochtaunuskreises verdient macht. Und ein besonderer Dank gilt schließlich der Taunus-Sparkasse: Sie hat nicht nur diesen Band großzügig unterstützt, sondern ist auch darüber hinaus ein verlässlicher und engagierter Partner für viele der hier vorgestellten Museen und überhaupt für das kulturelle Leben in unserer Region.

Ich wünsche Ihnen eine anregende Lektüre – und vor allem viele Anregungen dafür, die Museen im Taunus neu zu entdecken!

Ulrich Krebs

Ihr, Ulrich Krebs (Landrat)

Einführung

Ein silberner Tränenbecher im Kronberger Burgmuseum, zwei goldene Liebesringe im Römerkastell Saalburg, eine barocke Herrscherbüste im Homburger Schloss, das erste Telefon im Philipp-Reis-Haus, der Homburg-Hut im Museum Gotisches Haus und das jahrtausendealte Schwein im Heimatmuseum Gonzenheim.

Es gibt viel zu entdecken in den Museen des Taunus, die in ihren Sammlungen kostbare Schätze besitzen. In diesem Buch werden ausgewählte Exponate vorgestellt, die spannende Geschichten erzählen. Der Leser lernt die Werke kennen und erfährt vieles über ihre Bedeutung, über Hintergründe und Entwicklungen. Er kann sich mit den Autoren auf Spurensuche begeben und tief in die Historie der Ausstellungsstücke eintauchen. Manche dieser Taunus-Schätze haben weltweit Geschichte geschrieben, gelten als Meisterwerke, andere erinnern an historische Ereignisse oder bekannte Persönlichkeiten. Wieder andere erzählen Geschichten von Liebe und Tod, von Macht und Kampf, sie verkünden eine Botschaft oder geben Zeugnis ab von einer längst vergangenen Kultur. Viele von ihnen lassen tief blicken in die Region und ihre Landschaft, in den Alltag der Menschen und das Leben im Taunus.

Ob Kunstwerk oder Alltagsgegenstand, ob historisches Modell oder Designobjekt – der Band versammelt eine Vielfalt an Werken aus verschiedenen Epochen, die einen weiten Bogen spannen von der Vor- und Frühgeschichte über das Mittelalter bis in die Gegenwart. Es ist eine Auswahl an Exponaten, die zu einer ganz eigenen Entdeckungsreise in die großen und kleinen Museen des Hochtaunuskreises einlädt.

In ihren Beiträgen, die im Rahmen der Serie „Schätze aus den Taunus-Museen" in der Taunus-Zeitung erschienen sind, widmen sich die drei Autoren insgesamt 37 Objekten, die alle – bis auf eine Ausnahme – in oder vor einem Museum ausgestellt sind.

Herzlich bedanken möchte ich mich bei allen beteiligten Museen und den Verantwortlichen, die wertvolle Informationen und Bildmaterial zur Verfügung gestellt haben.

Besonders bedanken möchte ich mich auch bei den beiden Koautoren Olaf Velte und Alexander Wächtershäuser für ihre Beiträge. Allen Fotografen sei gedankt für die Abbildungen.

Mein herzlicher Dank gilt dem Redaktionsleiter der Taunus Zeitung Matthias Kliem, von dem die Idee zur Serie stammt und der das Projekt unterstützt hat. Ebenso danke ich Dr. René Heinen, dem Verlagsleiter des Societäts-Verlags, für die gute Zusammenarbeit.

Christine Jung

Die vielleicht „älteste Sau Hessens“

Eine 7.500 Jahre alte Tonfigur aus Ober-Erlenbach (Heimatstube Ober-Erlenbach, Bad Homburg)

Klein und unscheinbar ist es, gerade mal sechs Zentimeter lang und 2,5 Zentimeter hoch – und doch beherrscht die Schweinchen-Figur einen gesamten Raum in der Heimatstube Ober-Erlenbach. Kein Wunder, schließlich dürfte es sich um eines der ältesten Schweine Hessens handeln. Archäologen datieren das Alter der Figur nämlich auf rund 5500 vor Christus. Doch so klein es auch ist, in der Heimatstube ist das Keramikschwein einer der Hingucker. In einer Vitrine, mitten im Raum, ist es untergebracht und macht alleine schon dadurch deutlich, dass es etwas Besonderes ist.

In der Tat ist es die älteste Spur einer Ansiedlung auf dem heutigen Ober-Erlenbacher Gemarkungsgebiet. Entdeckt wurde es bei einer Notgrabung im Jahr 1999. Damals sollte entlang der Autobahn im Flurstück „Links dem Seulberger Weg“ ein Lärmschutzwall gebaut werden. Da dort eine archäologische Fundstelle vermutet wurde, nahmen Mitglieder der Arbeitsgemeinschaft für Vor- und Frühgeschichte des Geschichts- und Heimatvereins Oberursel das Areal unter die Lupe und entdeckten dabei vier unterschiedlich große Gruben, die mit Keramikscherben verfüllt waren. Nach Absprache mit dem Landesamt für Denkmalpflege in Wiesbaden wurde eine der Gruben unter widrigen Witterungsverhältnissen im Februar zur Hälfte ausgegraben. Wie erwartet, wurden zunächst Keramikscherben gefunden, die nach einer späteren Untersuchung der linearbandkeramischen Kultur zugeordnet wurden. Außerdem fanden sich Scherben der Rössener Kultur, die knapp 1.000 Jahre jünger waren. Doch nachdem auch gebrannter Lehm geborgen und Knochensplitter sichergestellt waren, entdeckten die Archäologen einen kleinen Schatz: die Tonfigur eines Schweins. Die später erfolgte Zuordnung in die linearbandkeramische Epoche war gar nicht offensichtlich, denn üblicherweise werden die Keramiken jener Epoche mit Linien verziert. Diese aber fehlen auf dem kleinen Schwein. Doch die Fundumgebung ist eindeutig: Das Schwein ist rund 7.500 Jahre alt und könnte „möglicherweise die älteste Sau Hessens“ sein, wie sie der ehrenamtliche Kreisarchäologe Eckhard Laufer in einem Grabungsbericht bezeichnete.

Die ersten Sesshaften

Die umfangreichen Keramikfunde, die bei der Grabung sichergestellt wurden, legen den Schluss nahe, dass hier vor 7.500 Jahren Menschen über

Schweinfigur, 5500 v. Chr., Ton

Beil, zwischen 4400 und 3500 v. Chr., Stein

einen langen Zeitraum siedelten. Sie gehörten der Kultur der Bandkeramiker an. Später wurde der Siedlungsplatz von Menschen der Rössener Kultur übernommen. Es dürften somit die ersten sesshaften „Ober-Erlenbacher" gewesen sein, die hier das kleine Schwein fertigten. Auf der anderen Seite der Autobahn, auf Ober-Eschbacher Gemarkungsgebiet, wurden weitere Funde getätigt. Bei einer Grabung im Jahr 2001 wurden dort Spuren einer bandkeramischen Siedlung entdeckt. Die Vermutung liegt daher nahe, dass beide Fundstellen zu einer einzigen Siedlung gehörten. Wahrscheinlich wurde beim Autobahnbau in den 1930er Jahren die uralte Siedlung durchschnitten. Viele Funde gingen unwiederbringlich verloren, sodass das Schwein eines der wenigen erhaltenen Relikte ist.

Die Bandkeramiker, die, ursprünglich aus Syrien stammend, in ganz Hessen siedelten, haben offenbar eine besondere Verbindung zu Schweinen gehabt. Denn an einigen ihrer Siedlungsplätze finden sich solche kleinen Tonfiguren. Experten sprechen daher auch von der „bandkeramischen Schweinchenreihe Hessens". Warum das so war, ist bislang nicht bekannt. Gesichert ist, dass die Bandkeramiker Schweine als Haustiere hielten. Das taten sie aber auch mit Rindern, Schafen und Ziegen. Von diesen gibt es aber keine oder nur wenige Darstellungen.

Das Erlenbacher Schwein passt sich in diese Reihe der Schweinchenfunde ein, scheint aber zu den älteren zu gehören. Allen diesen Tonfiguren ist gemeinsam, dass sie über einen rundlichen gedrungenen Körper verfügen. Die Beine sind kurz, der Schwanz stummelig. Meistens sind sie mit Linien verziert. Alles in allem wirkt die Figur sehr rudimentär und ein wenig ungelenk, sodass es schon dem geübten Auge eines Archäologen bedarf, die Bedeutung zu erkennen. Vielleicht ist die ein wenig unförmige Figur aber auch der Grund, warum auf eine Verzierung mit Linien verzichtet wurde.

Keil aus der Jungsteinzeit

Dass Ober-Erlenbach Altsiedelland war, belegen aber auch andere Funde, die in der Heimatstube gezeigt werden. So fand der Landwirt Georg Kopp 1980 links der Wetterauer Straße einen Schusterleistenkeil aus schwarzem Basalt, der kunstvoll poliert ist. Das Saalburgmuseum untersuchte den Stein und datierte ihn in die Jungsteinzeit, das Neolithikum, das in Mitteleuropa zwischen 5500 und 2200 v. Chr. datiert ist. Somit könnte er so alt wie das Schweinchen sein. Etwas jünger als die Tonfigur ist hingegen das 1996 in der Flur „Am Hühnerstein" gefundene Steinbeil. Es wurde wohl zwischen 4400 und 3500 v. Chr. gefertigt und zählt zur sogenannten Michelsberger Kultur.

Für den heutigen Betrachter des Schweinchens lohnt es sich, einmal kurz innezuhalten und sich vorzustellen, wie mühsam das Leben vor 7.500 Jahren gewesen sein muss. Es muss also für die Menschen eine besondere Bedeutung gehabt haben, wenn sie sich Zeit nahmen, solche Figuren aus Ton zu formen. Sie müssen für sie von besonderem Wert gewesen sein. Und nur weil wir diesen Wert heute noch nicht kennen, sollten wir den Blick nicht achtlos darüber schweifen lassen, sondern das kleine Schweinchen mit Respekt betrachten.

Alexander Wächtershäuser

Imposantes Grabgefäß

Die Wehrheimer Urne aus der späten Bronzezeit (Stadttormuseum Wehrheim)

Ein Teller, zwei Becher und drei Schalen, dazu mehrere Gerstenkörner und einige Bronzestücke: Das alles und noch viel mehr hatte man dem Verstorbenen auf seine Reise ins Jenseits mitgegeben. Sechs verschiedene Trink- und Essgefäße lagen mitsamt Nahrung und schmückenden Beigaben in einem imposanten Tongefäß. Sie befanden sich zusammen mit der Asche des Toten im Innern einer riesigen Graburne, die mit einem Deckel verschlossen in einem Flachgrab beigesetzt worden war. Und zwar genauso, wie es damals in dieser Kultur allgemein Brauch und Sitte war. Die Rede ist von dem spektakulären Fund einer ungewöhnlich großen Urne, den man 1997 während einer Ausgrabung in Wehrheim machte. Inmitten eines prähistorischen Friedhofes wurde das stattliche Gefäß in relativ gutem Zustand entdeckt: Ein besonderes Zeugnis aus einer längst vergan-

Graburne, Deckel und Beigabengefäße, Urnenfelderkultur (1300–750 v. Chr.), Ton

genen Kulturepoche, das uns weit zurück in die Geschichte der Menschheit, in unsere Vor- und Frühgeschichte führt.

3.000 Jahre alt ist die Grabstätte, die vor rund 20 Jahren in Wehrheim entdeckt wurde. Aber nicht nur diese eine Urne hat man auf dem Grundstück an der Danziger Straße gefunden. Insgesamt sieben Gräber sind damals zum Vorschein gekommen. Sie alle stammen aus der späten Bronzezeit, aus dem 10./11. Jahrhundert v. Chr., als in weiten Teilen Mitteleuropas die sogenannte Urnenfelderkultur verbreitet war. Ihren Namen erhielt sie von der damals vorherrschenden Grabsitte. An der Stelle von Körperbestattungen in Grabhügeln zeigte sich nunmehr ein Trend zur Brandbestattung vor allem in Urnen, der auf einen tiefgreifenden Wandel der religiösen Vorstellungen verweist. Auf einem Scheiterhaufen wurden die Toten mit oder ohne persönliche Habe verbrannt und anschließend in den Urnenfeldern außerhalb der Siedlung beigesetzt. Darüber hinaus enthielten die Urnen fast immer mehrere Tongefäße, die zumeist wie ein Geschirrset zusammengestellt waren und mitunter auch Speise und Trank enthielten. Verschlossen wurde das Behältnis mit einem Deckel oder einer Schale, die über die Öffnung gestülpt wurde. So kam die Urne unter die Erde, wobei die jeweilige Grabstelle vermutlich oberirdisch gekennzeichnet wurde.

Urnenfelderkultur im Taunus

Damals hatte sich die Urnenfelderkultur in vielen Gebieten Deutschlands verbreitet. Auch im Taunus ist eine Besiedlung an einigen Stellen nachgewiesen, wie beispielsweise auf dem Bleibeskopf bei Bad Homburg oder in Oberursel-Stierstadt.

Urne mit Resten der zerbrochenen Deckelschale, Ausgrabung in Wehrheim 1997

Dort hatte man – nicht weit entfernt von einer Siedlungsstelle – einen Friedhof mit einigen Urnengräbern gefunden, die heute im Oberurseler Vortaunusmuseum zu sehen sind.

Auch in Wehrheim haben die spätbronzezeitlichen Siedler ihre Spuren hinterlassen und ein Gräberfeld angelegt. Bereits Ende der Siebzigerjahre war die Stätte entdeckt worden, als beim Bau der Danziger Straße die Reste einer Urnenbestattung auftauchten. Durch diese und weitere Entdeckungen konnte man davon ausgehen, dass sich hier in unmittelbarer Nähe ein Gräberfeld befinden müsste. Erste Untersuchungen durch die ehrenamtliche Kreisarchäologie Hochtaunuskreis fanden Mitte der Neunzigerjahre statt. Als dann schließlich ein Grundstück an der Danziger Straße zur Bebauung freigegeben wurde, machte sich ein Team unter der Leitung des ehrenamtlichen Kreisarchäologen Eckhard Laufer ans Werk, um das Bodendenkmal zu erforschen. Auf einer Fläche von 660 Quadratmetern fanden die 15 freiwilligen Helfer sieben Brandbestattungen, darunter fünf Urnengräber und zwei Brandschüttungsgräber.

Zuerst wurde der Humusboden mit einem Bagger abgetragen, dabei waren immer wieder dunkle Verfärbungen im Boden zu erkennen, erinnert sich Almut Gwiasda aus Wehrheim. „Das war ein deutliches Zeichen dafür, das sich hier etwas unter der Erde befindet." Und so wurden die Stellen markiert und dann vorsichtig freigelegt. Nach und nach kamen die einzelnen Gräber und ihre Inhalte ans Tageslicht, die Stück für Stück geborgen und dokumentiert wurden. Beim fünften Grab machte man schließlich den größten Fund: Eine riesige bauchige Urne tauchte auf. Mehr als 56 Zentimeter hoch und bis zu 68 Zentimeter breit war das Gefäß, auf dessen Öffnung ursprünglich ein Deckel gelegen hatte. Dieser war im Laufe der Jahrtausende beschädigt worden.

Die geöffnete Urne mit Beigabengefäßen, Ausgrabung in Wehrheim 1997

Durch den Druck im Boden war er zerbrochen und in das Innere der Urne gestürzt, das sich im Laufe der Zeit vollkommen mit Erde füllte. Vorsichtig habe man das Gefäß rundum freigelegt und dann in Fünf-Zentimeter-Schritten schichtweise mit einem Holzspatel abgebaut, berichtet Almut Gwiasda, die größtenteils an diesem Grab gearbeitet hat. Zum Vorschein kam eine Zylinderhalsurne mit Knickrand, in der die Reste der Deckelschale und die genannten Beigaben lagen. Dabei war die Urne, wie sich bei näherer Betrachtung herausstellte, an einer Stelle mit fünf senkrechten Strichen gekennzeichnet. Laut Eckhard Laufer, der die Grabungsergebnisse im Jahrbuch Hochtaunuskreis 1999 veröffentlichte, handelt es sich dabei vielleicht um ein individuelles Töpferzeichen oder um eine Zählmarke.

Bedeutende Persönlichkeit

Nach ihrer Bergung wurde die monumentale Urne wieder zusammengesetzt und restauriert. Seitdem präsentiert sie sich in ihrer alten Pracht im Wehrheimer Stadttormuseum. Hier steht sie umgeben von ihren Beigaben in einer Vitrine – wobei sie allerdings für den Besucher der Sonderausstellungen zumeist unsichtbar hinter einem Vorhang verborgen bleibt.

Für wen aber war dieses außergewöhnliche Gefäß bestimmt? Wer wurde in dieser stattlichen Urne beigesetzt? Sicherlich war es eine besondere Persönlichkeit, wie auch die Beigaben vermuten lassen. Denn in der Asche fanden sich auch Überreste von Bronzeschmuck, einzelne Stücke einer Gewandnadel und eines Zwillingarmrings, die auf dem Scheiterhaufen mitverbrannt und dabei geschmolzen sind. Außerdem enthielt die Urne einzelne Keramikscherben – und natürlich die typischen Beigabengefäße, die hier neben- und übereinander in der Urne lagen. Wie auch in den anderen sechs Gräbern handelt es sich dabei um charakteristische Keramiken der Urnenfelderkultur: Wir sehen kleine schrägwandige Schalen, tellerartige Gefäße und Becher mit Knickrand, die zum Teil mit Rillen verziert sind. Im Usinger Museum für Vor- und Frühgeschichte, in dem heute die anderen Wehrheimer Grabfunde ausgestellt sind, findet sich ein besonders kunstvoll gestalteter Zylinderhalsbecher (aus Grab I), der reich mit linearen Mustern dekoriert ist.

Alle Gräber, die in Wehrheim gefunden wurden, hatten einen anderen Inhalt. Jedes einzelne war individuell gestaltet und enthielt verschiedene Beigaben, die dem Verstorbenen auf seinem Weg ins Totenreich für sein Leben im Jenseits mitgegeben wurden. Das gilt sowohl für die Urnengräber als auch für die beiden Brandschüttungsgräber. Und auch für ein weiteres, 2007 entdecktes Brandgrab im Zentrum eines Kreisgrabens, bei dem es sich um eine Hügelgrabbestattung handelt.

Christine Jung

Literatur: Laufer 1999

Weitere Funde aus dem Wehrheimer Gräberfeld, heute im Museum für Vor- und Frühgeschichte in Usingen

Insignien einer neuen Elite

Der Keltenfund von Bommersheim (Vortaunusmuseum, Oberursel)

Er gehörte zur damaligen Elite: der keltische Krieger, der vor rund 2.500 Jahren in Oberursel-Bommersheim seine letzte Ruhestätte fand. Auch wenn wir fast nichts über ihn wissen, seinen Namen und seine Geschichte nicht kennen, so können wir heute doch davon ausgehen, dass er eine höhergestellte Persönlichkeit war. Denn der Tote von Bommersheim hatte auf seine Reise ins Jenseits besondere Gegenstände mitgenommen. Man hatte ihm wertvolle Beigaben mit ins Grab gegeben: Seine persönlichen Waffen und Schmuckstücke, die auf eine herausragende Stellung des Verstorbenen verweisen.

2007 war das Grab des Kelten auf dem Gelände der Bommersheimer Burg entdeckt worden. Dabei handelt es sich um eine mittelalterliche Wasserburg, die bereits im 14. Jahrhundert vollkommen zerstört und später nicht wieder aufgebaut worden war. Hier, in der Burgruine, hatten die Archäologen bei früheren Grabungen große Teile des ehemaligen Burginventars geborgen, die heute im Vortaunusmuseum zu sehen sind. Bei weiteren Untersuchungen im Vorfeld der Burg waren sie überraschenderweise auf mehrere keltische Bestattungen gestoßen. Außer den Resten eines Kinderskeletts und Fragmenten eines Arm- und Halsrings, die aus einem Frauengrab stammen, fand sich hier das Grab eines auf dem Rücken bestatteten Mannes. Gefunden wurden eiserne Teile seines Schildes und der Lanze sowie ein dünnes Blechfragment, vermutlich zur Versteifung einer Haube oder eines Helmes. Außerdem kamen zwei bronzene Schmuckstücke zum Vorschein: ein Fingerring und ein offener Halsring mit profilierten, abgesetzten Enden. Bei diesem Halsschmuck handelt es sich um eine eher seltene Beigabe in einem Männergrab, das dementsprechend um das Jahr 450 v. Chr. datiert werden konnte. Demzufolge hatte der Krieger in der beginnenden Frühlatènezeit gelebt, also am Beginn einer neuen Epoche, in einer Zeit des großen Wandels und der gewaltigen Umbrüche.

Kelten im Taunus

In den letzten vorchristlichen Jahrhunderten lebten die Kelten im Taunus und hinterließen viele Spuren in der Region. Auf dem Altkönig gab es in frühkeltischer Zeit eine Befestigung mit mächtigen Ringwällen. Nicht weit entfernt entstanden erste kleine Siedlungen auf den Anhöhen „Goldgrube“ und „Altenhöfe“, die sich später zu einem bedeutenden spätkeltischen Zentrum entwickelten: Es war das Heidetränk-Oppidum, sozusagen die erste großstadtartige Anlage im Rhein-Main-Gebiet von gewaltigen Ausmaßen. In ihrer Blütezeit (1. Jh. v. Chr.) lebten hier tausende Menschen in hunderten von Häusern auf einer Fläche von 130 Hektar, die von einer mächtigen Umfassungsmauer umgeben war. Zahlreiche Funde zeugen von dem Leben und Alltag der Kelten im Taunus: Sie reichen von Goldmünzen über Ess-

Schildbuckel aus Bommersheim, um 450 v. Chr., Eisen (Leihgabe Landesamt für Denkmalpflege Hessen – Hessenarchäologie)

Bronzener Halsring und Fingerring, eiserner Schildbuckel und Schildfessel sowie Lanzenspitze (Leihgabe Landesamt für Denkmalpflege Hessen – Hessenarchäologie)

geschirr und Vorratsgefäße bis hin zu Bronzestatuetten und Schmuck. In einem eigens eingerichteten Kelten-Raum im Vortaunusmuseum sind diese und viele andere Zeugnisse ausgestellt. Der Besucher kann einiges erfahren über Kleidung und Schmuck, über Essen und Trinken oder das Wohnen in einer keltischen Siedlung. Er kann sich informieren über Handwerk, Landwirtschaft und Viehzucht, über Bestattungsriten oder Grabbeigaben und vieles mehr.

Unter den Exponaten nimmt der Bommersheimer Grabfund einen besonderen Raum ein. Ausgestellt in einer freistehenden Vitrine sind die Beigaben des Kriegers: Neben der eisernen Lanzenspitze und dem Bronzeschmuck liegen in der Mitte der Vitrine die Überreste des Schildes. Mehrere Fragmente sind hier in Form gebracht, sie bilden einen Schildbuckel, der an zentraler Stelle an der Vorderseite des Schildes angebracht war. Er sollte die Faust schützen, die dahinter die Schutzwaffe hielt. Getragen wurde der Schild an der Rückseite mit Hilfe eines eisernen Griffes, dem sogenannten Schildfessel.

Wie beim Keltenfürsten

Dass sich in Oberursel im Grab eines Kriegers ein Schildbuckel fand, ist eine kleine Sensation. Denn in ganz Deutschland gibt es nur drei weitere Funde von Schildbuckeln. Und einer von ihnen stammt auch noch aus den prächtigen Grabanlagen der Keltenfürsten vom Glauberg. Diese waren einige Jahrzehnte nach dem Bommersheimer Krieger mit äußerst kostbaren Beigaben bestattet worden. In ihren Prunkgräbern fanden sich unter anderem Goldschmuck, kostbare Waffen und Bronzegefäße. Dazu gehörte im Fürstengrab I auch ein hölzernes lederbezogenes Schild mit Randbeschlag und einem Schildbuckel aus Eisen. Darüber hinaus zeigt die berühmte Statue vom Glauberg einen Keltenherrscher in Lebensgröße, der vor dem Oberkörper ein ovales Schild mit spindelförmigem Buckel hält. Und auch in Bad Nauheim und in Horath im Hunsrück gibt es aus dieser Epoche weitere Gräber mit Schildbuckel-Funden. Sie waren zwar nicht so reich wie die Fürstengräber ausgestattet, enthielten dafür aber noch weitere Beigaben. So fanden sich in Bad Nauheim außer dem Schildbuckel auch noch ein Schwert und zwei Goldohrringe.

Mitglied einer Elite

Wer aber war nun der Verstorbene in Bommersheim, der ohne Goldschmuck oder Bronzegeschirr, aber mit einem Schild mit Buckel beigesetzt wurde, so wie es sonst nur aus Prunkgräbern überliefert ist? Und warum trug er einen Bronzehalsring, der ebenfalls nur in reich ausgestatteten Männergräbern vorkommt? Das waren unter anderem die Fragen, die sich die Wissenschaftler stellten und auf die sie auch eine Antwort fanden. Denn das Schildbuckel-Grab in Bommersheim steht zeitlich am Anfang einer Entwicklung, die schließlich zu den Fürstengräbern führt. Angenommen wird, dass der Tote zu einer Art von Oberschicht gehörte, die sich damals in der Region neu herausbildete, wie man auf einer Informationstafel im Museum nachlesen kann: Demnach war er „Mitglied einer sich nach dem Ende der späten Hallstattzeit auch im Rhein-Main-Gebiet neu formierenden frühlatènezeitlichen Elite", deren Vertreter „wenig später in monumentalen Grabanlagen mit kostbaren Beigaben" aus Gold, Bronze und Eisen, wie die Fürsten vom Glauberg, beerdigt wurden.

Bislang ist das Bommersheimer Keltengrab wohl eines der frühesten Gräber seiner Art, das in dieser Epoche in der Region in Erscheinung tritt. Es ist das erste erhaltene Kriegergrab mit so herausragenden Beigaben wie einem Schildbuckel, das bisher im Rhein-Main-Gebiet gefunden wurde. Aber wer weiß schon, was heute und hier im Taunus noch so alles verborgen unter der Erde liegt und – seit Jahrtausenden – auf seine Entdeckung wartet.

Keltenraum im Vortaunusmuseum

Christine Jung

Literatur: Bergmann 2010

Die Eulenfibel

Ein antiker Gewandschmuck (Römerkastell Saalburg)

Sie gilt als weise und klug, aber auch als unheimlich und bedrohlich, als Glücksbringer ebenso wie als Unheilverkünder oder Todesbote. Seit alters her ranken sich viele Mythen und Legenden um die Eule, den geheimnisvollen Jäger der Nacht, der mit seinem samtigen Gefieder lautlos durch die Lüfte gleiten kann. Schon immer sind die Menschen fasziniert von dem Raubvogel mit den großen Augen und scharfen Sinnen, der in vielen Kulturen verehrt und in Kunstwerken verewigt wurde. Vor allem in der Antike kommt dem sagenumwobenen Wesen eine besondere Bedeutung zu. Denn hier wird es zum heiligen Tier der Göttin der Weisheit und Wissenschaft, der Kunst und des Handwerks. Bei den Griechen ist es die Stadtgöttin Athena und im alten Rom ist es Minerva, die beide oftmals mit der Eule, oder vielmehr dem Steinkauz, bildlich in Erscheinung treten. Aber auch ohne ihre Göttin konnte die Eule für Weisheit und Klugheit stehen, ein Sieges- und Glückszeichen sein oder sogar als Schutzsymbol gelten.

Wie aber sieht es aus mit römischen Gegenständen des täglichen Gebrauchs, die mit einer Eule geschmückt sind? Haben auch sie eine symbolische Bedeutung oder ist es vielmehr die reine Vorliebe für das Tier oder Freude an der Naturdarstellung? Diese Fragen stellen sich im Besonderen bei der Betrachtung einer kleinen Fibel aus der Saalburg, die in Form einer Eule erscheint. Sie gehört zu dem reichen Fundus an Gewandschließen, die aus den Limeskastellen im Taunus stammen und heute im Saalburgmuseum zu sehen sind. Ihre Bandbreite reicht von einfachen Nadeln und Spangen bis hin zu kunstvoll gestalteten Fibeln. Sie alle dienten wie eine Art Sicherheitsnadel als Gewandverschluss. Das bedeutet, mit ihrer Hilfe wurden die unvernähten Gewänder, Umhänge und Mäntel zusammengehalten. Je nach Tracht oder Mode befestigte man sie an der Schulter oder im Brustbereich. Sehr beliebt waren sie vor allem bei Frauen, die sich oftmals gleich mit mehreren Exemplaren schmückten – im Unterschied zu den Männern, die meist nur ihren Mantelumhang an der Schulter mit einer Fibel verschlossen haben. Dabei wurden die Gewandspangen aber nicht nur rein funktional genutzt, sondern vielfach auch als Schmuck beziehungsweise als Brosche getragen.

Wechselnde Modetrends

So spielte die Fibel vor Jahrtausenden eine wichtige Rolle im Leben der Römer und Römerinnen. Aber nicht immer und überall blieb der Ansteckschmuck in Gebrauch: Bereits in der römischen Kaiserzeit war er in Italien mehr oder weniger aus der Mode gekommen. Nur noch selten wurden dort Fibeln getragen, da die Gewänder hier fast immer mit Nadel und Faden vernäht waren. Im Norden des Römischen Reiches allerdings zeigte sich ein vollkommen anderes Bild. Hier breitete

Eulenfibel, 2. Jahrhundert n. Chr., Bronze mit Emaileinlagen

sich überall eine regelrechte „Fibelmode“ aus, die sich in Verbindung mit den einheimischen Traditionen entwickelt hatte. Man schmückte sich mit großen und kleinen Fibeln aller Art, in mannigfaltiger Form und Gestaltung, die von den ständig wechselnden Modetrends Zeugnis ablegen.

Einen Einblick in die große Vielfalt an Typen bekommt der Museumsbesucher in der Ausstellung im ehemaligen Getreidespeicher der Saalburg. Neben einfachen Spangen liegen hier in einer Vitrine verschiedene Fibelarten, die mitunter reich in geometrischer oder gegenständlicher Form gestaltet sind: angefangen bei ornamental durchbrochenen Scheibenfibeln über sogenannte Zwiebelknopffibeln bis hin zu Distel- oder Doppelaxtfibeln. Zumeist sind diese Stücke in Bronze gegossen, manche darüber hinaus verzinnt oder mit Pressblechauflagen versehen. Einige besitzen farbige Emaileinlagen, die vor allem im 2. Jahrhundert n. Chr. als Verzierung verbreitet waren. Dies gilt sowohl für die runden Scheibenformen als auch für die verschiedenen Tierfibeln, die sich großer Beliebtheit erfreuten. Neben Löwen oder Pferden und Fischen fanden sich im Taunus auch mehrere Vogelarten, darunter Adler und Tauben oder ein Pfau sowie die erwähnte Eule, die in der Herberge vor den Toren des Saalburgkastells entdeckt worden war. Diese erscheint in charakteristischer Gestalt mit großem Kopf ohne sichtbare Ohren, sodass es sich hier vermutlich um einen Steinkauz handelt: Aus riesigen, orangeroten Augen, deren schwarze Pupilleneinlagen nicht mehr erhalten sind, schaut der Vogel frontal auf sein Gegenüber, während der Körper im Profil nach rechts ausgerichtet ist. So sitzt er da in typischer Haltung, den Kopf mit hakenförmigem Schnabel weit nach vorne gedreht. Auffallend ist das prächtige Federkleid mit den blaugrünen Flügeln, die eine besondere Zeichnung aus drei roten Kreisaugen besitzen. Am Hals findet sich darüber hinaus ein plastisches Perlband, während der Schwanz punzverziert ist, um die Musterung der Federn anzudeuten.

Weitere Exemplare

Außer diesem Exemplar in der Saalburg gibt es weitere Eulenfibeln, die zum Teil sehr ähnlich aussehen. Sie sind von vergleichbarer Statur und in der selben Haltung wiedergegeben. Auch sie haben orangerote Augen und Kreisaugen auf blaugrünen Flügeln. Es handelt sich also um einen bestimmten Typus, der vereinzelt an verschiedenen Orten in Europa überliefert ist.

Was aber steckte hinter der Vogelgestalt auf dem Ansteckschmuck? Welche Bedeutung hatte sie für ihren Besitzer oder den Betrachter? Vielfach wird in der Literatur angenommen, dass derartige Stücke nicht nur einen schmückenden Charakter, sondern auch eine symbolische Funktion hatten. Das betrifft sicher auch die Eule, oder vielmehr den Steinkauz, der als Symboltier der Weisheits- und Schutzgöttin gilt. Dafür spricht auch der vergleichbare Fund einer Gewandschließe aus dem römischen Ort Petinesca in der Schweiz. Denn hier wurde in einem Tempelbezirk eine Fibel in Eulengestalt entdeckt, bei der es sich vermutlich um eine Opfergabe an Minerva handelt.

Vor diesem Hintergrund hatte die Eule, wenn sie als Gewandschmuck am Körper getragen wurde, sicherlich eine besondere Bedeutung. Mit ihren großen Augen und den Kreisaugen auf dem

Gefieder konnte sie nach damaliger Vorstellung auch „apotropäisch“ wirken. Das heißt, sie sollte den „bösen Blick“ abwehren und Unheil abwenden. Mehr noch: Sie sollte ihren Träger womöglich nicht nur beschützen und vor Unglück bewahren, sondern ihm darüber hinaus auch viel Glück bringen. *Christine Jung*

Literatur: Amrhein / Knieriem / Löhnig 2015, S. 52 f.; Böhme 1972, S. 40 f.; Fischer 2001, S. 247–256

Leda mit dem Schwan

Zwei römische Liebesringe aus Gold (Römerkastell Saalburg)

Man schrieb das Jahr 1904, als bei den Ausgrabungen auf der Saalburg ein kostbarer Schatz entdeckt wurde: Am 15. März fanden die Archäologen außerhalb des Römerkastells zwei kunstvoll gestaltete Schmuckstücke. Zum Vorschein kamen in der Nähe des sogenannten „Dolichenum" zwei Fingerringe mit bildlicher Darstellung, die in einer besonderen Situation „vereint" aufgefunden wurden. So lagen die Ringe einträchtig da, miteinander verbunden, der eine in dem anderen liegend: Ein Paar Goldringe mit reichem Dekor, die hier, an diesem Ort, vor vielen Jahrhunderten hinterlassen wurden.

Voller Geheimnisse

Was aber war damals geschehen? Warum wurden die Stücke in diese Lage gebracht? Wem haben sie einst gehört und was haben sie zu bedeuten? Rätselhaft sind nicht nur die Fundumstände, auch die Werke selbst stecken voller Geheimnisse. Und doch können sie bei näherer Betrachtung einiges über sich und ihre ehemaligen Besitzer verraten. Denn wenn man genauer hinschaut oder dahinter blickt, beginnen sie eine Geschichte zu erzählen, die von Liebe und Leidenschaft, von Bindung und Treue handelt.

Wir sehen hier zwei kunstvolle Goldschmiedearbeiten, die in ihrer Mitte ein berühmtes Liebesabenteuer zeigen. Während der kleinere Ring zu beiden Seiten der figürlichen Szene einen eingravierten Dekor mit geometrisch anmutendem Muster besitzt, zeigt sich bei dem größeren Exemplar eine vollkommen andere plastische Gestaltung. Die Mitte des Ringreifes ziert ein umlaufendes Perlband, darunter und darüber verlaufen Golddrähte, die zur ovalen Bildplatte hin in Schlangenköpfen enden. Diese dem Äskulap heiligen Tiere tauchen in der antiken Kunst häufig auf: Sie sind ein weit verbreitetes und vieldeutiges Sinnbild, dem auch eine apotropäische Funktion zugeschrieben wird. Die Schlangenbilder sollten das Böse abwehren, ihre Träger schützen und ihnen Heil bringen. Darüber hinaus sind sie seit alters her aber auch ein Symbol der Schöpferkraft, des Lebens und der Fruchtbarkeit. So möglicherweise auch in diesem Zusammenhang, bei dieser Darstellung, die in Verbindung mit dem zentralen Bild zu sehen oder vielmehr zu lesen ist.

Auch wenn sich die beiden Ringe auf den ersten Blick in ihrer Gestaltung deutlich voneinander unterscheiden, so haben sie doch in ihrer Mitte ein und dasselbe Motiv. Beide Ringe sind an zentraler Stelle, auf der Ringplatte, mit einer mythologischen Szene geschmückt, die in eine ovale Rahmung eingebunden ist. Sie zeigt eine liegende, unbekleidete Frau mit hochgestecktem Haar zusammen mit einem Schwan. Es ist Leda, die Gemahlin des Spartanerkönigs Tyndareos, die hier gemeinsam mit Jupiter bzw. Zeus in einer Liebesszene zu sehen ist. Dieser habe sich in sie

Fingerring „Leda mit dem Schwan", 3. Jahrhundert n. Chr., Gold

Fingerring „Leda mit dem Schwan", 3. Jahrhundert n. Chr., Gold

verliebt – so der Mythos – und in einen Schwan verwandelt, um sie zu täuschen und unerkannt zu verführen. Auf dem Reliefbild erscheint der Göttervater als Wasservogel, der im Schoße Ledas, zwischen den Beinen der Geliebten, sitzt. Dabei hat er den langen Hals zurückgebogen und nähert sich mit seinem Schnabel ihren Lippen. Dargestellt wird die Vereinigung des verwandelten Gottes mit Leda, aus deren Verbindung mehrere Kinder, darunter die schöne Helena und die Dioskuren Kastor und Pollux hervorgingen. Es handelt sich dabei um ein besonders beliebtes erotisches Bildthema in der römischen Kunst, das sich auf vielen Bildwerken, auf Wandmalereien, Mosaiken, Sarkophagen oder Gemmen und natürlich auch auf Ringen findet. Mitunter sogar in genau derselben Komposition, in der gleichen Anordnung der Figuren als Liebespaar, wie auf den beiden Stücken aus der Saalburg. Alles konzentriert sich hier wie dort auf den zentralen Moment des Liebesabenteuers: auf die Verführung Ledas, auf die Vereinigung einer Sterblichen mit dem unsterblichen Gott, dem Vater aller Götter und Menschen.

Zeichen der Verbundenheit

Leda mit dem Schwan, eine der berühmtesten Liebesgeschichten der Antike, schmückt in gleicher Weise die beiden Ringe aus der Saalburg, und verweist damit auf eine besondere Bedeutung und Verbindung der beiden Schmuckstücke, die schließlich auch gemeinsam „ineinander liegend" aufgefunden wurden: Handelt es sich bei den Ringen möglicherweise um Liebes- beziehungsweise Eheringe? Dafür könnten auch die verschiedenen Ringgrößen sprechen, die auf einen männlichen und weiblichen Träger hindeuten.

In der römischen Kaiserzeit haben Männer wie Frauen ihre Finger mit Ringen geschmückt. Es gab unter anderem Schmuck- und Siegelringe, Schlüsselringe, Treue- und Gedenkringe oder Freundschaftsringe. Und es gab Verlobungs- oder Eheringe, die zum Zeichen der Bindung und Verbundenheit getragen wurden. Sie galten als ein Sinnbild der Zusammengehörigkeit, ein Symbol der ehelichen Liebe und Treue. Ursprünglich waren es einfache schmucklose Eisenringe, später in der Kaiserzeit wurden die Ringe auch aus edlen Metallen gefertigt. Entstanden sind kunstvolle Goldschmiedearbeiten mit symbolreichen Bildern, besetzt mit Schmucksteinen oder mit Inschriften versehen. Getragen wurden die Ringe vor allem an der linken Hand und dort am vierten Finger, dem Ringfinger, weil von dort eine Ader direkt zum Herzen führe – wie es Isidor von Sevilla im 7. Jahrhundert n. Chr. in seinen Etymologien (XIX, XXXII,2) beschreibt.

Zumeist waren es vor allem nur die Frauen, die einen Verlobungs- oder Brautring erhielten. Hier, bei diesen Exemplaren, scheint es sich aber um Liebesringe zu handeln, die für Mann und Frau bestimmt waren. Das geht unter anderem auch aus den erwähnten verschiedenen Ringgrößen hervor, wobei der größere mit den Schlangenköpfen sicherlich für den Mann gedacht war.

Warum aber die beiden Schmuckstücke schließlich gemeinsam unter die Erde kamen – das ist eine der Fragen, die sich in diesem Zusammenhang stellt. „Vielleicht weihten sie die Ringe einer Gottheit, die ihre Beziehung schützen sollte", wie Saalburg-Direktor Dr. Carsten Amrhein schreibt, denkbar sei jedoch auch, dass die Ringe in Folge der ersten Plünderungen des Vicus durch germanische Horden in der ersten Hälfte des 3. Jahrhunderts in den Boden gekommen seien (Amrhein / Knieriem / Löhnig 2015, S. 64). Dort haben sie lange Zeit verborgen gelegen, bis sie schließlich Anfang des 20. Jahrhunderts bei den Ausgrabungen des Römerkastells wieder ans Tageslicht kamen und in die Sammlungen des Römerkastells gelangten. *Christine Jung*

Literatur: Amrhein / Knieriem / Löhnig 2015, S. 64 f; Hörig / Schwertheim 1987, S. 317; Moneta 2010, S. 93, 322 f.

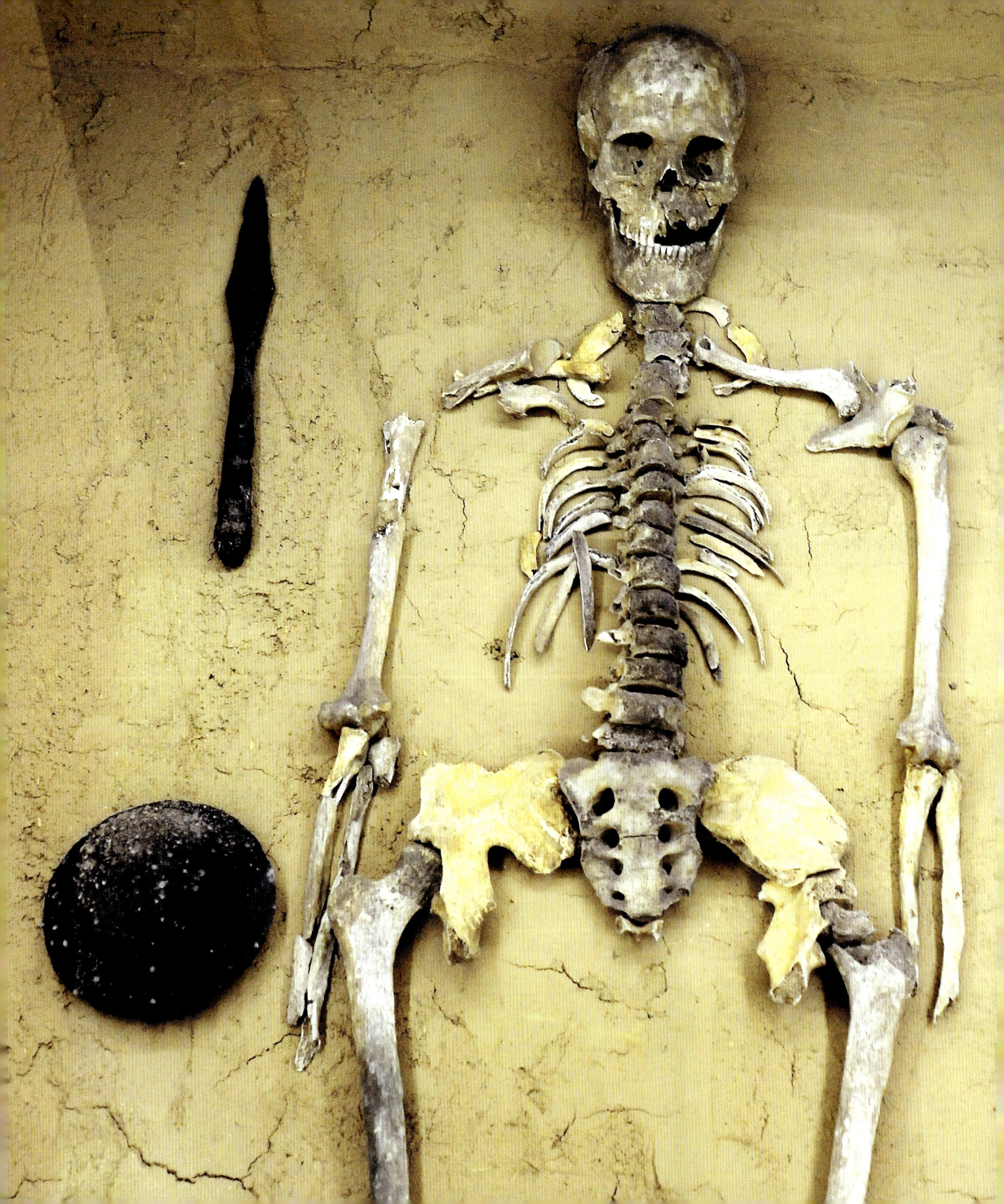

Heimkehrer mit einem Loch im Kopf

Ein Skelett aus dem 7. Jahrhundert (Heimatmuseum Gonzenheim, Bad Homburg)

Warum die Zähne nicht mehr am angestammten Platz sind, wissen nur die Kinder. „Zu viel Schokolade", so die glasklare Feststellung der jungen Ausstellungsbesucher. Und beim Zahnarzt habe sich der Typ sowieso nie eingefunden.

„Wenn Kinder in das Museum kommen", sagt Geschichtskreis-Vorsitzender Ernst Henrich, „ist unser Franke immer die große Sensation". Lange würde über dem nachgestellten Grab verharrt, voller Neugier das zirka 1.300 Jahre alte Skelett gemustert, Frage um Frage formuliert. Die fehlenden Zähne seien im Übrigen noch vorhanden und an einem sicheren Ort aufbewahrt.

Auch für weitaus erfahrenere und an Jahren ältere Kitzenhof-Besucher sind die sterblichen Überreste des im 7. Jahrhundert bestatteten Mannes ein Erlebnis besonderer Art. Die Gonzenheimer Präsentation selbst macht Eindruck. Das fast komplett erhaltene Skelett mitsamt Grabbeigaben befindet sich gut einen Meter unter Fußbodenniveau, ist von LED-Licht umflossen und durch begehbares Panzerglas geschützt. „Auf das aber kaum ein Gast drauftritt", so Heinz Humpert, der als zweiter Vorsitzender des Arbeitskreises fungiert. Wahrscheinlich aus Ehrfurcht vor dem toten Vorfahren.

Eine Körpergröße von 1,80 Meter muss der verstorbene Mann – „ein junger Mensch wohl" – gehabt haben. Vor Eröffnung des Kitzenhof-Ausstellungshauses hat ihn ein Abgesandter des Saalburgmuseums in das mit Lehm gepolsterte Neugrab gelegt, die in Kartons angelieferten Knochen sowie die originalen Beigaben angeordnet. Da stehen zwei graublaue Töpfe nahe der Füße, sind ferner das Langschwert aus Eisen, eine Lanzenspitze und der Schildbuckel zu identifizieren.

Die Heimkehr des Gonzenheimer Franken nach einem Jahrhundert ist ohne die Unterstützung der Saalburg-Verantwortlichen nicht denkbar. Henrich: „Er ist Eigentum des dortigen Museums, für uns eine Dauerleihgabe." Dass die Rückführung an den Fundort zu keinem Problemfall wurde, ist den Direktoren Schallmayer und Amrhein zu verdanken. In dem Bad Homburger Stadtteil ist man dankbar für die „sehr kooperative Zusammenarbeit".

Krieger mit Grabbeigaben, 7. Jahrhundert n. Chr.

Eisernes Langschwert und Lanzenspitze

Die Rolle des über der Kurstadt auf Kammhöhe gelegenen Römerkastells begründet sich aus der Gonzenheimer Grabungshistorie. Ein Blick in den „Taunusboten" vom 26. August 1893 soll die Anfänge kurz umreißen: „Ein Frankengrab wurde am Mittwoch unterhalb der Gasanstalt in der Gemarkung Gonzenheim auf einem Grundstück des Herrn Bauunternehmers Chr. Lanz beim Ausschachten eines Kellers gefunden. (…) Vermutlich liegt an dieser Stelle der älteste Friedhof von Gonzenheim."

Erster Archäologe und Entdecker des Gräberfeldes ist der stadtbekannte Heinrich Jacobi, Sohn des Saalburg-Baumeisters und später selbst Leiter des Römermuseums. Sein Betätigungsfeld erstreckt sich in der nach Süden und zum Dornbach geneigten Flur „Auf dem Schützbrett". In der Folge kommen rund zwei Dutzend Totenlegungen aus fränkisch-merowingischer Zeit ans Tageslicht. Überhaupt ist das Gebiet ein Paradies für Altertumsforscher und Erdbeweger. Hier haben die Bandkeramiker aus der Jungsteinzeit ebenso Spuren hinterlassen wie Menschen aus der Hallstatt- und Frankenära. „Einer der ältesten besiedelten Orte der Umgebung", so die Fachleute unisono. Für alle, die kamen und gingen, waren die nahen Salzwiesen ein wesentlicher Grund zur Ansiedlung.

Der im Kitzenhof ruhende Mann – ein wahrhafter Krieger oder doch eher ein bewaffneter Siedler? – wird um 1911 aus der heimischen Ackererde gehoben. Unversehrt ist das Grab, in einem beneidenswert erhaltenen Zustand. Jacobi arbeitet vorsichtig, dokumentiert die vorgefundene Situation aber unzureichend. Gesäubert und untersucht wird neben dem männlichen schließlich noch ein an anderer Stelle gefundenes weibliches Skelett.

Noch weitere Tote

Bis heute lagern die restlichen Toten des „Franken-Friedhofes" im Saalburgmuseum – aufbewahrt in Tonerde, noch unerforscht. Beigaben des Frauengrabes sind in Gonzenheim ebenfalls zu besichtigen. Die Vitrinen im Erdgeschossraum zur Frühgeschichte bergen Eisenpinzette und Knochenkamm, Schere und Kurzschwert. Auch die Reste eines „Tummlers“: Das gläserne Trinkgefäß war aufgrund der Kugelform des Bodens nicht abstellbar, musste also leer getrunken und umgestülpt abgesetzt werden.

Auf Dorflehrer Otto Fuhrmann verweist jene Bügelfibel aus Bronze, die zur frühmittelalterlichen Frauentracht gehörte und ein Statussymbol war. Der langjährige Leiter des Homburger Heimatmuseums hat das Schmuckstück zu Beginn der 1950er Jahre bei Grabungen entdeckt. Unter Lehrer Fuhrmann hat auch Schüler Ernst Henrich noch im historischen Gräberfeld gebuddelt. „Wir Schulkinder haben immer geholfen.“ Stets tritt der Heimatforscher nebst williger Jugend auf den Plan, wenn in der sensiblen Gemarkung Neubauten in die Erde gesetzt werden sollen.

Ein Ende ist im Gonzenheimer Bezirk tatsächlich nicht absehbar. Beim Ausschachten für die neue Hochtaunusklinik, so Henrich, sei man wiederum auf Überbleibsel der Bandkeramiker gestoßen.

Jedenfalls bürgt der in der Ortsmitte tiefergelegte Franke für einen zivilisatorischen Reichtum, mit dem die größeren Nachbargemeinden kaum aufwarten können. Ein Häuschen von 1619 ist ihm zur letzten Ruhestätte geworden – andere, verdienstvolle Gonzenheimer haben hier schon vor ihm gewohnt: etwa die Familien Topf und Kitz, die „Dippegret“, zuletzt sogar Karin und Ernst Henrich.

Die Grabvariante

„Wir haben lange beraten, wie wir ihn ausstellen können“, sagt Heinz Humpert. Eine Vitrine sei in Betracht gezogen worden, aber Saalburg-Chef Egon Schallmayer habe schließlich für die Grabvariante plädiert. Mehr als 2 mal 1,20 Meter durften dann auf Anordnung des städtischen Bauamtes nicht verfügbar gemacht werden. „Es gab Probleme mit der Statik.“ Zumindest dürften die Voraussetzungen zum Erhalt der fränkischen Überbleibsel ideal genannt werden: Kein Tageslicht dringt in die Lehmgrube, keine Temperaturschwankung hemmt den langen Schlaf.

Dass dem stummen Hüter des Hauses die Hände und Zehenknochen fehlen, mag Spekulationen befeuern, ist jedoch nicht zu kaschieren. Auch die ehrlich-offene Kinderschar hat dazu bislang noch keine Antworten geliefert.

Ein Loch im rechten Teil der Schädeldecke macht uns Friedfertigen ebenfalls zu schaffen. War das frühe Gonzenheim ein Sündenpfuhl, Ort ohne Recht und Gesetz, Schauplatz aggressivster Wirtshausschlägereien? Kurzum: Was ist unserem stolzen Franken zugestoßen?

Die beiden Vorsitzenden lassen sich von der Aufregung nicht anstecken, bleiben ganz realistisch-nüchtern: „Zu Lebzeiten erschlagen oder bei der Bergung beschädigt – man weiß es nicht.“ Eines aber freut die Bewahrer Alt-Gonzenheims ungemein: „Wer hat schon so eine schöne Leiche im Keller!“ *Olaf Velte*

Mahner vor Narrheiten

Die „Flennels“ oder der Narr von Oberursel (Kirchturm-Museum St. Ursula, Oberursel)

„Es war eine Zeit“, so heißt es in der Legende, „wo jedes, auch das kleinste Vergehen, das man sich gegen die Kirche oder deren Satzungen zu Schulden kommen ließ, mit eiserner Strenge geahndet und bestraft wurde“. Und auch in Oberursel soll es so gewesen sein, wo die „Sünder, die sich eines größeren Vergehens schuldig gemacht hatten“, an der Pforte neben dem Kirchturm stehen und „die ihnen auferlegte Kirchenstrafe abbüßen mussten“ (Henninger 1850, S. 94). Mit diesen Worten beginnt die Sage von der oder dem Flennels, niedergeschrieben von Käthchen alias Alois Henninger, die am 20. Juni 1850 im „Taunuswächter“ erschienen ist. Sie erzählt von einer legendären Gestalt, die hoch oben an der Nordwestseite der Kirche St. Ursula über dem Aufgang zur Empore neben der besagten Pforte dargestellt sein soll. Zu sehen war ein seltsam weinerlich verzerrtes Gesicht aus rotem Sandstein, das in Oberursel eigentlich für eine „flennende“ Frau mit Kopftuch gehalten wurde. Nach der sagenhaften Geschichte von Henninger handelt es sich aber um das Abbild eines Mannes aus altem Oberurseler Geschlecht. Die Rede ist von Ritter Els von Dornstein, der hier an diesem Ort viele Tränen vergossen haben soll. Wie die Sage erzählt, war dieser nach langen Reisen auf seine Burg nach Oberursel zurückgekehrt. Dort habe er bei einem Fest der Kirchenpatronin die Legende der Heiligen Ursula angezweifelt und verkündet, dass diese nicht mit 11.000, sondern mit elf Jungfrauen wegen ihres Glaubens als Märtyrerin gestorben sei. Daraufhin wurde er vor ein geistliches Gericht gestellt und anschließend bis zu seinem Tod vor die Kirchentür verbannt. Gleichsam als abschreckendes Beispiel, als Zeichen der Warnung und Mahnung soll sein Bildnis in rotem Sandstein verewigt und an der Abendseite der Kirche eingemauert worden sein, wo es seit dem Ende des 15. Jahrhunderts zu sehen ist.

Das war die Legende, aufgeschrieben von dem Sagendichter Alois Henninger unter dem Namen seiner Frau, das den Forschern viele Rätsel aufgab. Denn wer war jener legendäre Ritter von Dornstein, der auf einer Burg in Oberursel gelebt haben soll? In keiner urkundlichen Überlieferung finden sich Hinweise auf die von Dornsteins, es gibt keine historischen Belege für ihre Existenz. Nur in einer weiteren Erzählung aus dem Reich der Sagen wird von dem Untergang der Ritter von Dornstein berichtet. Demzufolge müsste das Oberurseler Geschlecht bereits um 1235 ausgestorben gewesen sein – also lange Zeit bevor erstmals in Oberursel die Verehrung der Heiligen Ursula (1315) belegt ist, die erst später um 1460 zur zweiten Kirchenpatronin ernannt wurde.

Viel wurde gerätselt über die Deutung und Bedeutung dieser besonderen Sehenswürdig-

Narrenkopf, 15. Jahrhundert, roter Sandstein

Narrenkopf mit Konsolstein

keit von Oberursel, die weiterhin im Volksmund die „Flennels“ oder „Flenn-Else“ genannt und immer wieder beispielhaft angeführt wurde, wenn jemand weinte oder flennte „grad so, wie die Flennels“. Bis es schließlich in den 1970er Jahren, wie sich der Heimatforscher Josef Friedrich erinnert, eine große Überraschung gab. Damals wurde das Werk bei Renovierungsarbeiten der Kirche aus konservatorischen Gründen entfernt, gegen eine Kopie ausgetauscht und im Museum untergebracht. Dabei kam weder eine flennende Frau noch ein büßender Ritter zum Vorschein, sondern eine vollkommen andere Gestalt: Der tief in die Wand eingemauerte Sandsteinkopf offenbarte sich vielmehr als ein Narr, dessen charakteristische Merkmale jahrhundertelang unter Putz lagen. Erst seit seiner Freilegung zeigte er die typischen Zeichen der Narrheit: So trägt er kein Kopftuch auf dem Kopf, sondern die Narrenkappe oder Gugel mit langen Eselsohren und einer Schellenreihe über dem Mittelscheitel, die ihn eindeutig als Außenseiter, als Toren ausweisen.

Besonders auffällig ist bei näherem Hinsehen sein fratzenhafter Gesichtsausdruck: Er zeigt hier nicht nur drohend seine Zähne, sondern scheint sie vielmehr noch zornig zu fletschen, sodass sein Anblick eine erschreckende oder abschreckende Wirkung auf den Betrachter hatte. Außer dieser Büste gibt es in St. Ursula einen weiteren Narrenkopf im Kircheninneren, an einer Gewölbekonsole in der Sakristei, der seine Zunge herausstreckt. Derartige Narren- oder Fratzenbilder waren damals weit verbreitet und ihre tiefere Bedeutung dem Gläubigen durchaus bekannt und vertraut. Der Narr galt allgemein als Gottesleugner, er verkörperte vielfach das Lasterhafte, Böse oder Teuflische. Oftmals waren Narrenskulpturen an öffentlichen Gebäuden, an Kirchen, Rathäusern und Stadttoren angebracht und dienten dort als Warnung vor Abwegen oder Abschreckung vor Straftaten.

Auch aus dem Rhein-Main-Gebiet sind mehrere Narrenbilder überliefert, die auf diesen Hintergrund verweisen. Bei seinen Forschungen über die Oberurseler „Flennels“ hat Josef Friedrich 1992 in seinem Aufsatz in der „Hessischen Heimat“ eine Reihe von vergleichbaren Narrengesichtern aus Deutschland zusammengestellt und ihre verschiedenen Bedeutungen vorgestellt.

„Far du Gauch“

Dabei ist er auch auf einen Narren im Heimatmuseum von Bergen-Enkheim gestoßen, ehemals vom Stadttor in Bergen, heute in Kopie am Alten Rathaus, der ein Schriftband mit den Worten „Far du Gauch 1479“ trägt und damit das fahrende Volk abwehren, die Betrüger und Gauner von der Stadt fernhalten sollte. Es handelt sich dabei

„Flennels" an der Nordwestseite der Kirche St. Ursula in Oberursel

um ein Abweisebild, das sich häufig an Stadttoren oder Stadtmauern findet, so wie es wohl auch bei einem Narrenbild von der Königsteiner Burg der Fall war, das heute im Burg- und Stadtmuseum aufbewahrt wird. Wie Friedrich in seinem Beitrag schreibt, könnte auch der Oberurseler Narr eine derartige Bedeutung gehabt haben. Denn er stammt ursprünglich aus einer anderen baulichen Situation. Darauf verweist nicht nur seine plastisch ausgearbeitete Gestalt, sondern auch seine Gestaltung als figürlicher Schmuck eines Konsolsteines mit einer Platte als oberen Abschluss. Das heißt, der Narrenkopf, der älter als der Kirchenbau ist, war früher an einem anderen Ort eingesetzt. Vielleicht war er ebenfalls wie der Bergener Narr an einem Stadttor angebracht und diente somit als Abschreckbild. Möglich ist aber auch, so Friedrich, dass er von einem Narrenhaus, einem Gefängnis für kleinere Vergehen, stammt oder Teil eines Prangers war. Denn der Narr von Oberursel besitzt unter seinem linken Arm, in der Achselhöhle, eine runde Ausbuchtung, in der möglicherweise ein Holzdübel steckte, an dem das Halseisen befestigt war.

Von der weinerlichen Frau über den büßenden Ritter bis hin zum abschreckenden Narren – seit alters her gibt die sagenumwobene Figur an der Außenwand von St. Ursula den Kirchenbesuchern große Rätsel auf und lässt bis heute viele Fragen offen. Dabei gilt sie über Jahrhunderte hinweg als eine Art Mahn- oder Abschreckbild, das die Menschen vor großen „Narrheiten" warnt und zur Tugend ermahnt. *Christine Jung*

Literatur: Dölemeyer 2008, S. 385–387; Friedrich 1992a; Friedrich 2012, S. 67 ff.; Henninger 1850

„An der Emsbachschlucht“

Eine mittelalterliche Waldglashütte aus dem Taunus (Freilichtmuseum Hessenpark, Neu-Anspach)

Wie sah es aus vor vielen Jahrhunderten, in einer der Waldglashütten, die sich am Abhang des Glaskopfes ansiedelten? Wie und mit welchen Mitteln wurde hier im 15. Jahrhundert gearbeitet? Und was wurde damals mitten im Taunus hergestellt? Wer sich in die Dauerausstellung in den Hessenpark begibt, kann sich davon ein Bild machen. Denn hier, in der ehemaligen Anspacher Stallscheune, ist das rekonstruierte Zentrum eines spätmittelalterlichen Glasbetriebes zu sehen. Im Mittelpunkt steht der kuppelförmige Hauptofen aus Natursteinmauerwerk, der in Anlehnung an das historische Vorbild errichtet wurde. Es ist ein monumentaler Ofenbau mit viel Holz vor dem Schürkanal zum Befeuern, der an der Seite tief in sein „loderndes“ Inneres blicken lässt. Zu erkennen sind vier Glashäfen, aus denen früher die Glasarbeiter die rot glühende Glasschmelze holten. Vor dem beleuchteten Hintergrund einer Waldlandschaft sehen wir zwei

Modell der Waldglashütte „An der Emsbachschlucht“ mit Hauptofen, teilweise mit originalen Bauteilen, 2. Hälfte des 15. Jahrhunderts

Glasmacher in charakteristischer Tracht bei der Arbeit, so wie sie in der zeitgenössischen Miniatur aus der Reisebeschreibung von Sir John Mandeville dargestellt sind: Der eine entnimmt gerade mit der Glasmacherpfeife die Glasmasse aus dem Ofen, während der andere das Glas durch Blasen in seine Form bringt. Überall liegen oder stehen Werkzeuge, mit denen das Glas bearbeitet wird, bevor es schließlich zum Abkühlen in einen der im Hintergrund dargestellten Nebenöfen gelangt. Am Ende dieses aufwendigen handwerklichen Prozesses steht das fertige Werk als Replik in den Regalen an der Wand: Mehrere rot opake Gefäße, sogenannte Kreusen, sind hier neben grünen Nuppenbechern und Fensterglastafeln aufgereiht. Dabei handelt es sich um einen kleinen Teil des großen Gläser-Repertoires, das in vielen Fragmenten und Rekonstruktionen in den Vitrinen der Ausstellung zu sehen ist.

Fünf-Ofen-Anlage

Vom reinen Rohstoff bis hin zum vollendeten Werk: Die Dauerschau im Hessenpark gibt einen anschaulichen Einblick in die Arbeitswelt einer der Hütten aus dem Taunus. Die Rede ist von der Waldglashütte „an der Emsbachschlucht", die in der zweiten Hälfte des 15. Jahrhunderts in Betrieb war. Sie liegt im waldreichen Gebiet am Emsbach südlich des Limes rund zwei Kilometer östlich von Glashütten. Ursprünglich war es eine Mehr-Ofen-Anlage mit einem großen zentralen Haupt- und Arbeitsofen sowie vier halbkreisförmig um ihn herum angelegten Nebenöfen. Diese dienten auf der einen Seite dem Vorbereiten der Glasschmelze und auf der anderen dem Abkühlen der Gläser, während in der Mitte die geblasenen Glaszylinder für das Fensterglas aufgeschnit-

Blick in das Innere des Hauptofens mit zwei originalen Glasschmelzgefäßen im Vordergrund

ten, gestreckt und gekühlt wurden. Heute sind noch die Grundmauern der Fünf-Ofen-Anlage an Ort und Stelle erhalten, die bei den Ausgrabungen im Jahr 2000 archäologisch untersucht und anschließend konserviert wurden.

Hier, an diesem günstig am Wasser und im Wald gelegenen Standort, fanden sich ausschließlich schlichte grüne Waldgläser. Zum Vorschein kamen rund 4.000 Fundstücke, darunter zahlreiche Fragmente von Flach- und Hohlgläsern, vor allem von optisch geblasenen Bechern mit Rippen- oder Kreuzrippendekor. Das war damals ein weitverbreiteter Gefäßtypus, sozusagen ein Massenprodukt im Spätmittelalter, das in viele Haushalte und Wirtschaften gelangte. Wir sehen in den Vitrinen zahlreiche Einzelstücke, die bei der Arbeit misslungen oder zu Bruch gegangen waren. Darüber hinaus finden sich hier größere Glasbrocken oder kleinere Glasteile in Form von Tropfen und Kügelchen, ebenso wie Glasfä-

Glasbecher vom Glashüttenstandort „Unterhalb Dornsweg", 2. Hälfte des 15. Jahrhunderts

den oder Pfeifenabschläge, die von den verschiedenen Arbeitsvorgängen in dieser Hütte Zeugnis ablegen.

Die Waldglashütte an der Emsbachschlucht war aber nicht die einzige, die in dieser verkehrsgünstigen Lage zu den wichtigen Fern- und Handelsstraßen arbeitete. Fast zur gleichen Zeit, als am Emsbach die Öfen rauchten, gab es nicht weit entfernt zwei weitere Produktionsorte, die ebenfalls archäologisch untersucht worden sind. Die eine „am Buchholz", die nur Hohlglas herstellte, und die andere „unterhalb Dornsweg", eine Art Experimentierhütte. Mehr als 30.000 Fundstücke kamen am Dornsweg zutage, die auf ein überaus reiches Spektrum an Glaswaren in vielen Farben und Formen verweisen. So gab es dort nicht nur Gläser für den allgemeinen Gebrauch oder für medizinische und alchemistische Zwecke, sondern auch viele neue kunstvoll gestaltete Gefäße für den gehobenen Bedarf mit reichem plastischem Dekor, unter anderem mit vielgestaltigen Nuppendekoren und filigranen Fadenauflagen. Immer wieder experimentierten die Glasarbeiter mit verschiedenen Techniken und erprobten neue Variationen oder Kombinationen. Außer grünen Gläsern verwendeten sie vielfach auch blaue und mehr noch rot opake Gläser in so großen Mengen, wie sie aus keiner anderen zeitgenössischen Hütte bekannt sind.

Auch die farbigen Fenstergläser, vor allem die roten Fragmente, sind von großer Bedeutung für die Forschung. Denn sie zeigen die vielen Versuche der Glasmacher, hier rotes durchscheinendes Glas herzustellen – was ihnen nicht immer oder nur teilweise gelang. Derartige Flachgläser waren damals sehr begehrt, es gab eine große Nachfrage nach Farbglas für die Buntverglasung der Kirchen, so wie sie heute noch unter anderem in den Fenstern der Oberurseler Kirche St. Ursula zu finden ist.

Neubeginn 1615

Wie aus dem umfangreichen Fundmaterial der Taunushütten hervorgeht, „boomte" damals für ein halbes Jahrhundert die Produktion von Glas im Taunus. Dann aber nahm diese erste große Blütezeit gegen 1500 ein vorübergehendes Ende: Die gesamte Glaserzeugung in den Taunuswäldern wurde für fast ein Jahrhundert aufgegeben. Erst ab 1615 gibt es wieder Hinweise und Beweise für einen Neubeginn an anderen Standorten im Taunus. Dazu gehören unter anderem die Betriebe am Kalten Born oder im Hobholz 2 und später die Kauffelt-Hütte am Stockborn, die 1685 zur Gründung des Ortes Glashütten führte. Die letzte und zugleich größte Waldglashütte im Taunus war die Wentzel-Hütte am Kalbshecker Bach, in der von 1695 bis 1700 kostbare Gefäße auch aus feinem farblosem Kristallglas hergestellt wurden.

Von den frühen noch unerforschten Anfängen im 11. Jahrhundert bis hin zum 17. Jahrhundert reicht das Spektrum der Exponate, die seit 2006 in der Dauerschau im Freilichtmuseum zu sehen sind. Eingerichtet wurde die Ausstellung auf Initiative von Ingrid Berg vom Kulturkreis Glashütten zusammen mit dem Hessenpark und seinem Förderverein sowie der Hessischen Landesarchäologie und vielen ehrenamtlichen Mitarbeitern. Das Konzept stammt von Dr. Peter Steppuhn, der auch die archäologischen Untersuchungen vor Ort geleitet hatte.

Es ist die Geschichte der Glaserzeugung im Taunus, die im Hessenpark auf Grundlage der archäologischen Funde und Forschungen erzählt wird. Eine Ausstellung, die in ihrer Art einzigartig ist. Denn hier wird umfangreiches und vielfältiges Fundmaterial präsentiert, das die verschiedenen Produktionsprozesse sichtbar macht. Neben zahllosen Fragmenten von Hohl- und Flachgläsern werden vielförmige Glasrelikte gezeigt, die bei der Herstellung und Verarbeitung von Glas entstanden sind. Dazu kommen Teile von Metallwerkzeugen, von Glasmacherpfeifen, Messer und Scheren oder auch Reste von Tonmodels. Ebenso gibt es Überreste der Ofenbauten und ihrer Einrichtung mit Glashäfen, die sich nicht nur in den Vitrinen finden, sondern teilweise auch am Modell des Hauptofens miteingebaut sind. So bekommt der Besucher einen lebendigen Eindruck von der historischen Situation der Glasmacher in einer der Taunushütten, so wie sie vor 550 Jahren in der Emsbachschlucht gestanden haben könnte. Und dies nicht nur auf Augenhöhe in Lebensgröße, sondern auch am kleinen Modell der überdachten Waldglashütte, die mit ihren fünf Öfen rundum von allen Seiten betrachtet werden kann. *Christine Jung*

Dauerausstellung „Waldglashütten im Taunus“ in der Ansbacher Stallscheune im Freilichtmuseum Hessenpark

---

Literatur: Berg 2000; Steppuhn 2006; Berg/Steppuhn 2011

Die frohe Botschaft

Spätmittelalterliche Wandmalereien im „Backes“ (Heimatmuseum Gemünden, Weilrod)

„Sei gegrüßt du Begnadete, der Herr ist mit dir.“ (Lk 1, 28) Mit erhobener Hand erscheint der Engel Gottes vor Maria und verkündet ihr die frohe Botschaft: Sie wird einen Sohn zur Welt bringen, den sie als Jungfrau vom Heiligen Geist empfängt. Und dieses Kind wird „heilig und Sohn Gottes genannt werden“. (Lk 1,35) Es sind diese Worte des Himmelsboten, die Maria auf diesem Bilde zu verinnerlichen scheint. Voller Demut hat sie die Hände vor der Brust gekreuzt und das Haupt leicht geneigt, so, als würde sie bereits dem göttlichen Willen zustimmen: „Mir geschehe, wie du gesagt hast.“ (Lk 1,38) Vor rund 600 Jahren hat ein unbekannter Maler diese Begebenheit auf den Wänden der Gemündener Kapelle detailreich in Szene gesetzt. Einfühlsam erzählt er die Geschichte nach den Worten des Evangelisten Lukas. Zu sehen ist die Begegnung von Maria mit dem Engel Gabriel, die hier eindrucksvoll im Rahmen einer Bilderfolge geschildert wird. Sie erscheint in einem Zyklus mit Szenen aus dem Alten und Neuen Testament, der heute noch fragmentarisch von der früheren Ausstattung der Kirche mit kunstvollen Malereien zeugen kann.

Verkündigung an Maria, 15. Jahrhundert, Wandmalerei

Vor vielen Jahrhunderten schmückten sie die Wände der Kapelle, bis sie schließlich übermalt, mit mehreren Putzschichten überdeckt wurden. Lange Zeit blieben die Bilder dahinter im Verborgenen. Niemand ahnte bis weit ins 20. Jahrhundert hinein, dass sich hinter dem hellen Wandanstrich bunte Fresken befinden. Dann aber kam alles durch einen Zufall ans Tageslicht, als der Innenraum renoviert werden sollte. Dabei entdeckte man an der Nordseite die Überreste einer figürlichen Szene. Und auch an anderen Stellen tauchten nach und nach Bruchstücke auf, die einen Eindruck davon vermitteln konnten, wie es hier im Innern der evangelischen Kirche früher einmal ausgesehen hat.

Wann aber die Kapelle erbaut wurde und wann ihre Wände bemalt oder übermalt wurden – das alles ist in den schriftlichen Quellen nicht überliefert. Zum ersten Mal erwähnt wird der Bau im Jahr 1580, er muss aber weitaus älter sein, vermutlich stammt er aus dem späten 14. oder 15. Jahrhundert. Es war eine kleine mittelalterliche Kirche, die den Gläubigen jahrhundertelang als Gotteshaus gedient hat, bis sie immer weniger genutzt und schließlich umgebaut wurde: Aus der baufälligen Kirche war 1828 ein Backhaus geworden, in dem regelmäßig Brot gebacken wurde. Später, in der Mitte des 20. Jahrhunderts erhielt der „Backes" ein weiteres Stockwerk, in dem bis 1972 das Rathaus untergebracht war. Bald darauf entstand hier das Heimatmuseum, das vom Landfrauenverein eingerichtet und betreut wird. Es zeigt im oberen Geschoss verschiedene Gegenstände des täglichen Lebens aus früheren Zeiten, während unten das alte Backhaus mit den Wandmalereien besichtigt werden kann. Über deren Geschichte weiß der Lokalhistoriker Bruno Rühl vom Museumsteam vieles zu berichten: Erst 1996 haben Gemündener Bürger bei Renovierungsarbeiten die malerischen Überreste hinter dem dicken Putz entdeckt. Daraufhin wurde das Landesamt für Denkmalpflege hinzugezogen und die erhaltenen Fragmente aus dem 15. Jahrhundert restauratorisch freigelegt. Außer einem Figurenfragment haben sich vier von insgesamt 16 Szenen einer Bilderbibel erhalten, die ursprünglich in zwei Reihen von links oben nach rechts unten zu lesen waren.

Der Sündenfall

Am Anfang der Folge sehen wir in deutlich reduziertem Zustand die berühmte Geschichte von Adam und Eva. Wir sehen das erste Menschenpaar im Garten Eden unter einem Baum stehend: links Adam mit einem flatternden Tuch um die Hüften und rechts die noch unbekleidete Eva, wie sie trotz göttlichen Verbotes vom Baum der Erkenntnis die verbotenen Früchte essen. Auch die verführerische Schlange ist noch zu erkennen, die sich um den Baumstamm windet. Geschildert wird auf diesem Bild, wie Adam und Eva die Sünde in die Welt brachten. Zu sehen ist der Sündenfall, der zur Vertreibung der Menschen aus dem Paradies führte. Welche biblische Episode unmittelbar darauf folgte, wissen wir nicht, dafür kennen wir die Szene darunter. Es ist die Verheißung der Geburt Christi, die dem Sündenfall nicht nur gegenübergestellt wird. Sie erscheint hier, wie auch auf anderen Darstellungen, in einem deutlichen Bezug zum Alten Testament. Denn wie der Engel des Herrn verkündet, wird durch Maria der Erlöser zur Welt kommen: Der Sohn Gottes, der

Biblischer Zyklus auf der Nordwand

die Menschen von den Sünden, genauer gesagt von der Sünde Adams, erlösen wird.

Alles an diesem Bild hat einen tieferen Sinngehalt, jedes Detail ist von größerer Bedeutung, ist voller Symbolik. So trägt Maria nicht nur ihr Haupt unverschleiert und das Haar offen, sondern unter dem lilafarbenen Mantel auch ein weißes Gewand, das ihre Jungfräulichkeit und Reinheit betont. Soeben hat sie noch in den Schriften gelesen, dann aber die Lektüre unterbrochen. Neben ihr liegt auf dem Lesepult ein offenes Buch, das sie als weise und fromm ausweist. Oftmals wird dieses Buch auch als Altes Testament dargestellt, mitunter auch als Buch des Propheten Jesaja, der die Geburt des Heilands durch eine Jungfrau vorausgesagt hat.

In demütiger Haltung mit gesenktem Blick und den vor der Brust wie ein Kreuzzeichen gehaltenen Händen, empfängt Maria die unfassbare Botschaft, die sie innerlich aufzunehmen scheint. Mit mächtigen roten Flügeln erscheint der Engel vor ihr und hält in seiner linken Hand den göttlichen Botenstab, während er die rechte im Redegestus erhoben hat. Seine Worte scheinen gleichsam im Raum zu schweben. Sie werden durch das leere Spruchband vergegenwärtigt, das auf anderen Darstellungen die Begrüßung enthält. Von der Botschaft des Engels bis hin zur stillen

Annahme durch Maria, die auch als Augenblick der Empfängnis gilt, werden hier alle Momente der Erzählung anschaulich vor Augen geführt.

Mutter Gottes

Wie die Geschichte weitergeht, kann man auf dem nächsten Bild sehen. Denn dort wird die Erzählung unmittelbar mit der „Heimsuchung" fortgeführt. Zwei schwangere Frauen mit verhüllten Häuptern begegnen sich in inniger Verbundenheit. Dargestellt ist der Besuch von Maria bei ihrer Verwandten Elisabeth, die trotz ihres hohen Alters ebenfalls ein Kind, Johannes den Täufer, erwartet. Beide Frauen berühren sich mit den Händen, wobei die eine behutsam ihren Arm um die Schulter der anderen legt. Auch diese intime Szene macht eine besondere Begegnung sichtbar: Sie zeigt das Treffen der beiden werdenden Mütter bei Elisabeth, die in Maria die Mutter Gottes erkennt.

„Verkündigung" und „Heimsuchung": Das sind die zwei großen Themen in vielen spätmittelalterlichen Zyklen, mit denen die Geschichte von Jesus ihren Anfang nimmt. Weitererzählt wird sie in der Regel mit seiner Geburt, es folgen Episoden aus seinem Leben und der Passion bis hin zu seinem Tod und der Auferstehung. Einige dieser Szenen waren sicherlich auch in Gemünden zu sehen. Heute ist davon aber nichts mehr erhalten, bis auf eine fragmentarische Darstellung, die auf der anderen Seite, am Ende der Südwand zum

Blick in das Innere der ehemaligen Kapelle, die 1828 in ein Backhaus umgewandelt wurde

Vorschein kommt. Zu erkennen ist rechts oben die Erscheinung des auferstandenen Christus vor den Aposteln, in dem Moment, als der ungläubige Thomas seine Finger in die Wunde Christi legt. Darunter findet sich ein weiteres Bruchstück, das – laut Bruno Rühl – die Himmelfahrt Christi darstellen könnte. Und tatsächlich sind im oberen Bildteil die Fragmente einer in den Himmel „auffahrenden" Christusfigur zu erkennen. So erscheint hier, am Ende der Bilderfolge, die Himmelfahrt Christi genau gegenüber der anfangs beschriebenen Verkündigung – und verweist damit auf die Erfüllung der Botschaft des Engels, der angekündet hatte, dass der Sohn Gottes auf die Welt kommen und in Ewigkeit herrschen wird.

Christine Jung

Die Schlacht bei Kronberg von 1389

Das Gemälde aus der Kronberger Burg (Museum Burg Kronberg)

„Geschehen anno 1389" steht auf einer riesigen Fahne geschrieben, die sich auf dem Gemälde inmitten des Kampfgeschehens erhebt. Zu sehen ist eine gewaltige Schlacht, die im Mai des Jahres bei Kronberg geschlagen wurde: Eine unerwartete Niederlage für die einen, die Freie Reichs-

Schlacht bei Kronberg von 1389, frühes 16. Jahrhundert, Ölgemälde

Der Kronberger Ritter Johann auf seinem Schimmel

stadt Frankfurt, und ein sensationeller Sieg für die anderen: die Kronberger Ritter und ihre Verbündeten.

Was damals im Jahr 1389 am Rande des Taunus geschehen war, davon berichten nicht nur die Quellen ausführlich. Auch ein Gemälde im Burgmuseum beschreibt anschaulich das Ereignis, das in die Annalen eingegangen ist. Im Ritterzimmer hängt das berühmte Kronberger Schlachtenbild, das dem Betrachter das historische Geschehen vor Augen führt. Es gibt viel zu sehen und zu entdecken auf dem Ölbild, das die Geschichte in vielen Einzelheiten schildert: Vom Herannahen der Heerscharen über das Schlachtengetümmel bis hin zur Flucht und Gefangennahme: All das – und noch viel mehr – ist auf den zwei übereinander angeordneten Bildfeldern zu sehen. Und auch nachzulesen auf einem Schriftband zwischen den beiden Bildhälften, das sich ursprünglich am unteren Bildrand weiter fortsetzte.

Das Kronberger Burgbild ist aber nicht das einzige Gemälde seiner Art, es gibt zwei weitere vergleichbare Ansichten der Schlacht, die gut erhalten sind: Eines befindet sich im Historischen Museum in Frankfurt, das andere im Schloss Assenheim. Von diesen insgesamt drei Schlachtenbildern ist das Burgbild aber das älteste: Also eigentlich das Original in Öl, das wiederum selbst nach einem älteren Vorbild entstanden ist.

Dabei handelt es sich um einen heute verschollenen Teppich, der bald nach dem großen Ereignis gefertigt worden war. Noch um 1700 muss er sich laut einer Frankfurter Chronik auf der Burg befunden haben, dann aber verliert sich seine Spur. In Anlehnung an diesen Teppich wurde das Gemälde vermutlich im frühen 16. Jahrhundert geschaffen, wie Kunsthistorikerin Dr. Sofie Bauer in ihrem Buch „Burg Kronberg“ schreibt. Zum ersten Mal erwähnt wird es 1692 im Nachlassinventar von Graf Kraft Adolf Otto in Kronberg. Hier, in der Burg und zeitweise auch an anderen Standorten, hat es im Laufe der nächsten Jahrhunderte eine wechselvolle Geschichte erlebt, die deutliche Spuren im Werk hinterlassen hat. So war es im 19. Jahrhundert in der Schulstube der katholischen Schule im Flügelstammhaus untergebracht und später in einer Kammer auf dem Boden „zwischen allerlei Gerümpel“ abgestellt. Damals befand sich das Bild in einem äußerst schlechten, verwahrlosten Zustand und musste restauriert werden. Doch nur einige Jahrzehnte später war seine Situation erneut beklagenswert. Es heißt, dass es von der Familie des Lehrers zum Trocknen von Erbsen missbraucht wurde, sodass man es schließlich an einen anderen Ort brachte. Einige Zeit lang hing es im Treppenhaus des Wiesbadener Regierungsgebäudes, bevor es 1895 durch den Freiherrn Ludwig von Ompteda, den Schlosshauptmann der damaligen Burgbesitzerin, Kaiserin Friedrich, wieder zurück nach Kronberg kam.

Auch heute hängt das Werk, das Mitte der 1990er Jahre aufwendig restauriert wurde, wieder im Burgmuseum – und erzählt hier vor Ort von der ruhmreichen Vergangenheit der früheren Burgbewohner, die vor fast 630 Jahren das übermächtige Frankfurt besiegt hatten.

Der Ausbruch der Fehde

Wie aber war es dazu gekommen, dass die Kronberger gegen die Frankfurter kämpften und sie auch noch innerhalb von drei Tagen besiegten? Zwischen der mächtigen Reichsstadt und den Reichsrittern schwelte schon lange ein Streit, erläutert Rüdiger Gilles vom Burgverein die Hintergründe und den Ablauf der Schlacht. Bereits im Februar des Jahres 1389, so Gilles, hatten die Kronberger, ebenso wie Graf Ulrich von Hanau und weitere Ritter aus der Umgebung, den Frankfurtern die Fehde erklärt. Daraufhin kam es auf beiden Seiten immer wieder zu Sachbeschädigungen und Zerstörungen. Am 12. Mai des Jahres war es schließlich soweit: Die Frankfurter zogen in Richtung Kronberg mit 2.000 Mann „starck zu fuß und roß“, um „die edlen von Cronberg mit gewalt zu überziehn“, wie es in der Inschrift heißt. Eine große Heerschar an Reitern und Fußvolk setzte sich unter der Führung des Schultheißen Winter von Wasen in Bewegung, darunter Patrizier, Söldner und die Zünfte. Dabei setzten sie nicht nur Höfe und Dörfer in Brand, sondern schälten auch die wertvollen Kronberger Kastanienbäume, wie im linken unteren Bildteil zu sehen ist. Als es dann zum ersten Kampf der Übermacht gegen die unterlegenen Kronberger kam, zogen sich diese zurück und sandten nach den Verbündeten. Zu Hilfe eilte das schwer bewaffnete Heer des Pfalzgrafen Ruprecht aus Oppenheim, die Truppe des Hanauer Grafen sowie weitere Ritter aus der Umgebung. Und so kam es schließlich zu der großen Schlacht bei Kronberg, die hier so szenenreich dargestellt ist.

Mitten im Schlachtgetümmel

Auf dem oberen Bildteil ziehen die Verbündeten unter ihren Fahnen von links heran, während rechts die Frankfurter bereits wieder zurück in ihre Stadt fliehen. Im Zentrum, in ihrer Mitte, aber tobt die Schlacht, aus der die Verbündeten als Sieger hervorgehen. Zu sehen sind zahllose Kämpfende, viele Verwundete und einige bereits Gefallene. Deutlich hervorgehoben erscheint im Vordergrund ein Kronberger Ritter auf seinem Schimmel: Es ist Johann, der zusammen mit seinen Verwandten Walter und Frank von Kronberg an der Schlacht teilgenommen hat. Er reitet inmitten des Schlachtgetümmels über die Gefallenen hinweg. Daneben stürmt ein von vier Schimmeln gezogener Wagen mit Verwundeten davon, während weiter hinten ein Rüstwagen zusammengebrochen daliegt.

Unterhalb der Szene, im Zentrum der unteren Bildhälfte, stehen sich die feindlichen Truppen gegenüber: Auf der linken Seite die Frankfurter unter der roten Fahne mit schwarzem Adler und auf der rechten die Verbündeten unter dem Pfälzer Banner mit den blauweißen Rauten. Während links ein Bote in Richtung der brennenden Häuser und des Kastanienwaldes reitet, dessen Bäume gerade geschält werden, ist demgegenüber der Ausgang der Schlacht abgebildet: Man sieht einen Zug von Gefangenen, die von den Siegern nach rechts oben in die – heute kaum noch erkennbare – Stadt Kronberg gebracht werden.

Ritterzimmer in der Burg

Mehr als 600 Frankfurter gerieten bei der Schlacht bei Kronberg in Gefangenschaft, darunter auch der Stadtschultheiß mit dem Stadtbanner. Sie alle wurden für die damals ungeheure Summe von 73.000 Goldgulden ausgelöst. Es war ein großer Sieg für die Taunusritter dank des Einsatzes des Pfalzgrafen und des Hanauer Grafen mit weitreichenden Folgen für alle Beteiligten. Ein bedeutendes Ereignis für die Kronberger Herren oder – vielmehr noch – ein Höhepunkt in ihrer Historie, der „anno 1389" große Geschichte geschrieben hat.

Christine Jung

Literatur: Bauer 1993, S. 54–58; Verein für Geschichte und Heimatkunde der Stadt Kronberg e. V. 1989

Eine Warnung auf dem Kuchen

Der „Kuchelstein“ von 1510 aus der Sammlung von Claus Stalburg (Museum im Gotischen Haus, Bad Homburg)

Unter freiem Himmel, in einer von Pflanzen bewachsenen Landschaft sitzt das biblische Paar in scheinbar enger Verbundenheit. Der Mann ist im Schoß der geliebten Frau eingeschlafen und lässt sich von ihr die Haare schneiden. Eine idyllische Szene? Nein – weit gefehlt! Denn hier, auf dieser bildlichen Darstellung, sehen wir eine verhängnisvolle Affäre, die von blinder Liebe und Verrat zeugt. Es ist die berühmte Geschichte von Samson und Delila aus dem Buch der Richter im Alten Testament, ein beliebtes Motiv in der Kunst seit dem Mittelalter, das einstmals auch das Gebäck im Hause eines Frankfurters zierte. So ist es jedenfalls dargestellt auf einem sogenannten Kuchelstein, einer Kuchenform aus dem frühen 16. Jahrhundert, die heute im Gotischen Haus ausgestellt ist.

Fein eingeschnitten in den grauen Kelheimer Stein ist die Szene im tiefen Relief zu sehen, die sich erst als Abdruck im Kuchen plastisch herausbildet. Auf den ersten Blick wirkt das Steinmodell unscheinbar, das neben seinem Abguss und weiteren Backformen in einer Vitrine liegt. Und doch ist es eines der sehenswertesten Kunstwerke, eines der ältesten und bedeutendsten Ausstellungsstücke des Hauses. Mehr noch: Es gehört zu den herausragenden Werken seiner Art und Zeit, die sich in der Sammlung eines berühmten Frankfurter Patriziers befunden haben. Dabei handelt es sich um einen künstlerisch gestalteten Gebrauchsgegenstand aus dem Besitz des Großkaufmanns und Ratsherrn Claus Stalburg, dem damals reichsten Mann Frankfurts, der ein riesiges Vermögen und eine große Sammlung an Kunstschätzen besaß. Sogar die Backformen ließ er sich künstlerisch gestalten und so befand sich in seinem Besitz eine größere Anzahl an „Kuchelsteinen“, insgesamt 40 Stück, wie es aus der Abschrift seines Verzeichnisses hervorgeht. Von diesen mit Szenen reich gestalteten Backmodells haben sich insgesamt drei Exemplare erhalten, darunter zwei in Frankfurt und eines in Bad Homburg.

Schon seit Langem befindet sich das Steinkunstwerk in der Städtischen historischen Sammlung, es war bereits bei der ersten Präsentation des Museums in der Englischen Kirche ausgestellt. Um welchen Kunstschatz es sich dabei handelt, schien aber lange Zeit vergessen gewesen zu sein. Erst Carl Blümlein, Direktor des Kaiserin-Auguste-Viktoria-Gymnasiums, hat im Jahre

Hartmann Kistener, „Samson und Delila“, Kuchelstein, 1510, Kelheimer Stein (links). Abguss des Kuchelsteins in Gips (rechts)

1930 seine Bedeutung wiederentdeckt. In einem Artikel im „Taunusboten“ deutet er das Kleinod aus Bad Homburg als einen der Kuchelsteine aus der Sammlung von Claus Stalburg, die dieser in seinem Verzeichnis einzeln aufgeführt hatte. Dort heißt es in der Auflistung der Steine: „Der 26. ist Samson der stark, als im das weip das har abschneydt schlaffende“. Und tatsächlich: Dieses Backmodell war Eigentum des vermögenden Patriziers, denn es trägt darüber hinaus auch das Wappen derer von Stalburg mit den drei Pilgermuscheln am unteren Bildrand und die Jahreszahl 1510. Damit waren die Herkunft und Datierung des Steins gesichert – und darüber hinaus auch der Künstler bestimmt. Denn aus der Abschrift geht hervor, dass Hartmann Kistener diesen und die anderen Steine „gegraben“ beziehungsweise geschnitten hat. Auch er ist kein Unbekannter in der Frankfurter Szene; es gibt einige Nachrichten über den Goldschmied, der als Stein- und Stempelschneider arbeitete und darüber hinaus auch als „Münzwardein“ der Stadt tätig war. Für Claus Stalburg schuf er eine Reihe von Steinmodels, die sich verschiedenen Bildthemen widmen. Mal in runder oder in eckiger Form zeigten sie unter anderem Szenen aus dem Alten und Neuen Testament ebenso wie Bilder aus der Mythologie und Allegorien oder auch weltliche Darstellungen. Dass der Künstler dabei nach Vorlagen gearbeitet hat, wurde bereits mehrfach vermutet. Das gilt möglicherweise auch für die Szene mit Samson und Delila, die vielfach in Druckgrafiken des 15. und 16. Jahrhunderts veranschaulicht ist.

Samson und Delila

Immer wieder ist es der Verrat der Delila, der hier wie dort im Mittelpunkt der Erzählung steht. Es ist der zentrale Moment in der Geschichte, als die verführerische Delila dem liebesschwachen Helden seine Stärke nimmt. Dieser war ein Auserwählter Gottes und besaß übermenschliche Kräfte, mit denen er nicht nur einen Löwen, sondern auch die Philister besiegte. Als er sich unsterblich in Delila verliebte, wurde sie von den Philistern bedrängt, Samson das Geheimnis seiner Unbesiegbarkeit zu entlocken. Auf Drängen der vermeintlich Geliebten gab er schließlich nach und das Geheimnis preis: Es waren seine langen, niemals geschorenen Haare, die ihn unbezwingbar machten, ihm seine übernatürliche Kraft gaben. Eines Tages, nachdem er vertrauensvoll im Schoß der Verräterin eingeschlafen war, wurden ihm die Haare im Schlaf abgeschnitten, sodass er seine Kräfte verlor und von den Philistern gefangen genommen werden konnte. Erst später, als sein Haar nachgewachsen war, konnte er sich befreien und den Tempel der Feinde zum Einsturz bringen. Das ist zusammengefasst die biblische Geschichte, deren dramatischer Höhepunkt auf dem Bad Homburger Modell abgebildet ist.

Wir sehen Samson und Delila unter Sternen in einer Gräserlandschaft, umgeben von Spruchbändern mit Inschriften. Beide sind kostbar gekleidet in zeitgenössischer Tracht, als würde sich die Geschichte in der Gegenwart abspielen. Samson sitzt vor Delila am Boden, den Arm auf das Knie der Angebeteten gelehnt, das eine Bein ausgestreckt, das andere angewinkelt, während sich die Verräterin selbst ans Werk macht und ihm die Haare schert. Es ist eine der berühmtesten Szenen aus dem Alten Testament, deren Inhalt und Sinn damals jedem Gläubigen vertraut war. Eigentlich ist Samson der starke Held, jetzt aber ist er der Schwache und Besiegte, den eine listige Frau zu Fall gebracht hatte.

Aufforderung zur Tugend

Vor 500 Jahren galt die Episode als eine der sogenannten „Weiberlisten", die oft mit anderen Beispielen weiblicher Macht in Bilderfolgen dargestellt wurde. Damit sollte auf die Gefahren der „Buhlschaft" und der „Wolllust" hingewiesen werden. Auch in der Ausstattung der Rathäuser, in den Gerichtsräumen taucht das Motiv immer wieder auf, um die Verantwortlichen zur Tugend zu ermahnen. Darüber hinaus ist es auch eine Warnung vor Habgier und Verrat, gleichzeitig aber auch eine Aufforderung nicht jedem blindlings zu vertrauen und Geheimnisse zu bewahren. Was aber macht diese Szene auf dem Backmodell eines Frankfurter Ratsherrn und Bürgermeisters? Eine Antwort auf diese Frage gibt Xenia Ressos in ihrer Publikation über „Samson und Delila in der Kunst von Mittelalter und früher Neuzeit". Darin verweist die Autorin auf die Übernahme des Motivs und seiner Bedeutung in den Privathaushalt der Ratsherren, und führt als Beispiel den von Hartmann Kistener geschaffenen Kuchelstein aus dem Besitz des Claus Stalburg an: ein kunstvolles Backmodell mit einer besonders einprägsamen Geschichte, die damals sicherlich viele Kuchen im Hause des Bürgermeisters schmückte.

Christine Jung

Literatur: Bothe 1908; Bothe 1928; Katalog Bad Homburg 2016, S. 36; Lingens 2013; Ressos 2014, S. 160.

Reliqũienaltar
1513

Der Reliquienaltar von 1513

(Kirchturm-Museum St. Ursula, Oberursel)

Mit langem blondem Haar, das Haupt andächtig zur Seite geneigt, den Blick ehrfürchtig gesenkt und die Hände wie zum Gebet erhoben: So steht Maria da, gehüllt in einen blauen Mantel über goldenem Kleid, und lauscht aufmerksam den Worten des Himmelsboten, der sich ihr von rechts nähert. Erschienen ist der Engel Gabriel in imposanter Gestalt, mit einem Zepter in der Hand, kostbar gekleidet in ein weiß glänzendes Gewand, über dem er einen roten Umhang mit goldener Borte trägt. Vom Himmel hoch, da kommt er her, um der Heiligen Jungfrau die frohe Kunde zu überbringen: Sie werde ein Kind empfangen, den Sohn Gottes gebären – so lautet seine Botschaft – und dieser solle Jesus genannt werden. Es ist die Verkündigung an Maria, die hier, auf den beiden Flügeltüren eines Hausaltars, verewigt ist. Zu sehen ist die berühmte Geschichte aus der Bibel, die den Beginn des Heilsgeschehens beschreibt. Eine Szene in zwei Bildern, die auf Christi Geburt an Weihnachten, auf das Kommen des Erlösers und das große Heilsereignis verweist.

Auf dem Altarretabel aus dem Jahr 1513, das sich im Kirchturm-Museum von St. Ursula befindet, erscheint diese Begegnung mit dem Engel an zentraler Stelle. Sie ist außen auf die beiden Klapptüren gemalt und damit nur im geschlossenen Zustand sichtbar. Werden die beiden Flügel dann geöffnet, verwandelt sich der Altar und offenbart sein Innerstes: Etwas Verborgenes kommt zum Vorschein.

26 Reliquien

Wir sehen hier ein über 500 Jahre altes kleines Meisterwerk der Altarkunst – einen Holzaltar mit Schnitzereien, der nicht nur kunstvolle Malereien, sondern auch kostbare Stickereien besitzt und darüber hinaus einen besonderen Schatz enthält. Denn es handelt sich dabei um einen Reliquienaltar für die private Andacht, in dem 26 verschiedene Heiligtümer aufbewahrt werden. Sie befinden sich in verschiedenfarbigen Stoffkissen, die an der Vorderseite beschriftet sind. Darauf ist unter anderem zu lesen: „von der kripen Jesu Christi", „von der stat do christus getaufft wartt", „von dem olperg", „von dem heilling creuz", „von dem Grab Maria" und „von Sant Barbara": Diese und andere heilige Überreste sind in rechteckige Päckchen eingepackt, die von einer goldenen Borte gerahmt werden, während an den Ecken goldene Blüten mit Perlen sitzen. Es sind vor allem Reliquien aus dem Leben und der Passion Jesu, die hier – verborgen – zur Schau gestellt werden, das heißt, es sind „verschiedene reliquiare Werkstücke, die in eine Verbindung zum Heilsgeschehen gebracht werden" (Friedrich 1992b, S. 266).

Und so steht dann auch die Kreuzigung auf der Altarrückwand im Zentrum der Präsentation. Umgeben von den Reliquienkissen erscheint

Reliquienaltar, 1513, Nadelholz, Ölmalereien und Textilkunst (Seide, Goldfaden, Pailletten und Perlen), Gesamtansicht in geöffnetem Zustand

Auf den Flügelaußenseiten: links Maria und rechts der Engel Gabriel

Schweißtuch der Veronika auf der Predella

sie in der Mitte der Tafel in überaus kunstvoller Reliefstickerei. Sie zeigt Jesus am Kreuz mit Maria und Johannes vor hellblau gesticktem Grund, über dem sich ein aus Goldfäden gearbeitetes Rautenmuster spannt, das an den Kreuzungspunkten mit Perlen besetzt ist. Vor diesem Hintergrund, der an einen Sternenhimmel erinnert, erhebt sich die zierliche Figurengruppe im Relief. Die Mutter Gottes und der Lieblingsjünger Jesu sind reich mit goldglänzenden Gewändern bekleidet, die darüber hinaus mit Perlen verziert sind. Beide Trauernde haben ihren Blick zu Jesus am Kreuz erhoben, der ebenfalls in feinster Stickerei dargestellt ist. Als einziges Kleidungsstück trägt er ein langes, um die Hüfte gelegtes Tuch, das hinter ihm – wie vom Winde bewegt – aufflattert.

Darunter, auf dem Altarsockel, der Predella, findet sich ein weiteres Ölgemälde: Es zeigt das Schweißtuch der Veronika mit dem Antlitz Christi, ein häufig dargestelltes Sinnbild seiner Passion, das von zwei Engeln hochgehalten wird.

Daneben, zu beiden Seiten der Kreuzigung, erscheinen auf der Flügelinnenseite zwei weibliche Standfiguren. Wie die Malereien auf der Vorderseite, so sind auch diese Bilder von besonderer künstlerischer Qualität, sodass sich hier wie dort die Frage nach ihrer Herkunft stellt. Woher sie stammen, wer sie geschaffen hat und wann sie in den Besitz der Kirche kamen – das alles ist aber nicht überliefert. Anfangs glaubte man, dass sie rheinischer oder auch mittelrheinischer Herkunft seien. Heute geht man vielmehr davon aus, dass sie in einer der damaligen Kunstmetropolen von einem bedeutenden Künstler gefertigt wurden. Vermutlich sind die Werke nicht nur in Nürnberg entstanden, sondern stammen auch von einem Maler aus dem näheren Umfeld von Albrecht Dürer. Das nimmt auch der Oberurseler Heimathistoriker Josef Friedrich an, der in diesem Zusammenhang auf den Nürnberger Maler und

Grafiker Wolf Traut, einen Mitarbeiter Dürers, verweist. Und tatsächlich zeigt ein Vergleich der Maria aus der Oberurseler Verkündigungsszene mit der Heiligen Barbara von Wolf Traut auf dem Flügel einer Altar-Predella von 1510 (heute im Germanischen Nationalmuseum Nürnberg) nicht nur gewisse Ähnlichkeiten, sondern auch Übereinstimmungen im Kopftypus, in der Haltung und im Ausdruck. So spricht hier einiges dafür, dass auch die Oberurseler Altarbilder möglicherweise aus seiner Werkstatt stammen oder nach gemeinsamen Vorlagen geschaffen wurden. Dies gilt nicht nur für die Maria der Verkündigung, sondern auch für die beiden Heiligenfiguren auf den Flügelinnenseiten.

Zu erkennen sind hier zwei der damals beliebtesten Heiligen, die mit ihren typischen Attributen deutlich gekennzeichnet sind. Links ist die legendäre Katharina mit Schwert und Rad zum Zeichen ihres erlittenen Martyriums zu sehen. Und rechts Barbara, die Sterbepatronin, die den Kelch mit darüber schwebender Hostie in den Händen hält. Beide Jungfrauen sind bekrönt und tragen ein langes gegürtetes Goldgewand und einen in weichen Falten herabfallenden Umhang in rot beziehungsweise in grün. Jede von ihnen steht in einem goldenen Architekturrahmen unter einem durchbrochenen Rankenbaldachin und blickt erhobenen Hauptes auf das dramatische Geschehen in ihrer Mitte. Dargestellt sind zu beiden Seiten der Kreuzigung zwei wichtige Schutzpatroninnen und Helferinnen in der Not, die laut Josef Friedrich „für Treue im Glauben und Trost im Sterben“ stehen (Friedrich 1992b, S. 266).

Kreuzigungsgruppe und Reliquienkissen mit Inschriften

Himmelsbogen

Bekrönt wird der Reliquienaltar darüber hinaus von einem holzgeschnitzten Himmelsbogen, der „auf die Erfüllung eines christlichen Lebens“ weisen soll, während die daneben stehenden Pinienzapfen die Auferstehung und Unsterblichkeit symbolisieren. So spannt sich hier auf diesem kleinen Altar ein großer Bogen: Angefangen von der Verkündigung der Geburt Christi führt er über die Passion und Kreuzigung bis hin zur Auferstehung und endet mit der Verheißung eines ewigen Lebens nach dem Tod. *Christine Jung*

Literatur: Friedrich 1992b, S. 266; Lata 2005

Eisenharte Botschaft

Gusseiserne Ofenplatte aus dem 16. Jahrhundert von Peter Sorg (Freilichtmuseum Hessenpark, Neu-Anspach)

Am Anfang ist er noch der glückliche „Reiche", gesegnet mit vielen Gaben und Gütern, der in seinem Palast am reich gedeckten Tisch sitzt. Dann aber am Ende ist er der „Arme", für den es keine Rettung mehr gibt. Kurz ist die Zeit seiner irdischen Freuden, lang die seiner Qualen, die er später erdulden muss. Was aber hat er getan oder vielmehr nicht getan, das er solches Leid verdient? Was ist geschehen, dass sich sein Schicksal so dramatisch wendet? Und wie lautet schließlich die Moral von der Geschichte, die hier gleichnishaft in mehreren Episoden geschildert wird?

Das alles kann der Hessenparkbesucher auf einer Ofenplatte sehen oder erkennen, die sich heute in der Dauerausstellung „Eisenkunstguss und Ofenplatten" befindet. Sie zeigt die Parabel Jesu vom reichen Prasser und armen Lazarus (Lk 16, 19–31). Zu sehen ist ein vieldeutiges Gleichnis, das dem Betrachter bei näherem Hinsehen eine deutliche Botschaft offenbart.

Es war in der frühen Neuzeit, im ausgehenden 16. Jahrhundert, als die Relieftafel in Eisen gegossen wurde. Einst schmückte sie eine Seite eines Plattenofens, der auf Füßen oder einem Sockel stand. Dabei handelt es sich um einen Kastenofen, der aus mindestens fünf Platten zusammengesetzt wurde. Anfangs waren es vor allem sogenannte Fünfplattenöfen, auch Hinterladeröfen genannt, die mit offener Rückseite in die Wand der Wohnstube eingemauert waren. Diese Wandöfen konnten dann vom benachbarten Raum aus über die offene Herdstelle in der Küche oder dem Flur befeuert werden, durch die der Rauch auch wieder abzog. Wie das damals ausgesehen hat, kann man heute im Haus aus Frankenbach im Hessenpark besichtigen. Dort ist ein fast vollständig erhaltener Gusseisenofen aus dem 17. Jahrhundert mit biblischer Darstellung aufgebaut worden, der in der guten Stube neben der Küche steht.

Rauchfrei heizen

Derartige Öfen waren damals sehr beliebt und im gehobenen Bürgertum oder beim Landadel groß in Mode. Denn mit ihrer Hilfe konnte der Wohnraum rauchfrei beheizt werden. Darüber hinaus waren sie an der Frontseite und den beiden Seitenteilen mit verschiedenen Bildmotiven reich verziert. Wie in der umfangreichen Sammlung von Ofenplatten aus verschiedenen Epochen zu sehen ist, gab es damals eine Vielfalt an Bildmotiven: Angefangen von mythologischen und biblischen Bildern reicht das Spektrum der Themen über Genreszenen bis hin zu Ornamenten und Wappendarstellungen.

Entstanden sind diese Ofenplatten in verschiedenen Hütten im hessischen Raum. Auch in der Region, im Taunus, gab es einige Hüttenplätze,

Peter Sorg, Gleichnis vom reichen Mann und armen Lazarus, Ofenplatte, 1590, Gusseisen

wie der wissenschaftliche Mitarbeiter des Hessenparks, Dr. Axel Lindloff, berichtet. Von Bedeutung ist in diesem Zusammenhang vor allem die Eisenverarbeitung im Weiltal, insbesondere in Emmershausen, die auf eine lange Geschichte zurückblicken kann. Seit dem 16. Jahrhundert bis zum Dreißigjährigen Krieg ist dort die Familie Sorg oder Sorge nachgewiesen, aus der zahlreiche Hüttenmeister stammten. Erstmals taucht der Name 1573 auf, als Henn Sorg Streit wegen eines Ackers in Hasselbach hatte. Einer seiner Söhne war Peter Sorg, eine Art Großunternehmer, der 1586 in Kraftsolms als Hüttenmeister genannt wird. Zusammen mit seinem Bruder Heinrich Sorg baute er 1590 in Emmershausen einen Hochofen. „Das Eisenerz für den Betrieb kam aus Weinbach“, erfährt der Besucher auf einer Wandtafel, „Holzkohle aus einem Waldgebiet zwischen Niederreifenberg und Glashütten“. Mit diesem Hochofen begann hier die Produktion vor allem von Ofenplatten, aber auch Geräte und Waffen sind dort gegossen worden.

Hergestellt wurden die Eisentafeln im Sandgussverfahren mit Hilfe eines Holzmodels, das von einem Holzbildhauer geschnitzt wurde. Das Modell wurde in den Formsand eingedrückt, sodass eine Gussform entstand, die anschließend mit flüssigem Eisen ausgegossen wurde. Das bedeutet, dass mit einem einzigen Modell gleich mehrere Platten mit demselben Motiv angefertigt werden konnten.

Von der Familie Sorg, vor allem von Peter Sorg, gibt es eine Reihe von Tafeln, die sich heute weit verstreut in verschiedenen Sammlungen erhalten haben, unter anderem im Germanischen Nationalmuseum in Nürnberg und im Deutschen Museum in München. Sie zeigen typische Bildmotive der Zeit, allen voran die Enthauptung des Johannes, die Hochzeit zu Kana und das Ölwunder der Witwe von Sarepta.

Sechsstrahliger Stern

Auch im Hessenpark ist eine Ofenplatte überliefert, die nachweislich von dem Hüttenmeister stammt. Denn auch sie trägt den sechsstrahligen Stern, der die Werke von Peter Sorg kennzeichnet. Die Rede ist von der Ofenplatte mit Hirschfries aus dem Jahr 1590, die das genannte Gleichnis vom reichen Mann und armen Lazarus bibelgetreu vor Augen führt. Ein Kunstwerk aus Eisen, das vermutlich nach einem Vorbild des Bildhauers Philipp Soldan geschaffen worden war.

Mit besonderer Erzählfreude und Liebe zum Detail wird die biblische Geschichte hier eindrucksvoll in mehreren Episoden geschildert. Deutlich im Vordergrund steht die Tischszene im Palast des reichen Prassers, der herausgehoben inmitten seiner Gesellschaft erscheint. Reich gekleidet in zeitgenössischer Tracht sitzt er im Kreis der Familie an einem üppig gedeckten Tisch. Neben seiner Ehefrau im kostbaren Gewand nehmen zwei weitere Männer an dem Mahl teil, bei denen es sich vermutlich um die Brüder handelt. Zwei Musiker unterhalten die Gesellschaft mit ihren Blasinstrumenten, während zwei Diener die Gäste bewirten. Unterhalb der Szene, abgetrennt durch eine Balustrade, liegt ein kranker Mann auf dem Boden. Vor ihm sind zwei Hunde zu sehen, die scheinbar seine Wunden lecken. Es ist der arme hungernde Lazarus, der gerne vom Tisch des Reichen die Abfälle gegessen hätte, aber vor der Tür von einem Wächter abgewiesen wird. Als Lazarus nun eines Tages starb, kamen die Engel und trugen ihn in Abrahams Schoß – so heißt es im Bibeltext, der hier auf der Tafel in zwei voneinander getrennten Szenen veranschaulicht wird. Links unten heben die Engel den Verstorbenen in Tüchern hoch, während rechts oben bereits seine Seele in kindlicher Gestalt im Schoß von Abraham sitzt.

Ein vollkommen anderes Schicksal erwartet den Reichen, der nach seinem Tod aufgebahrt im Bett liegt. Über ihm erscheint eine dämonartige Gestalt, die seine Seele abzuholen scheint, um sie nach rechts unten in die Unterwelt, in die flammende Hölle zu bringen. „Erbarme dich" lautet die darüber angebrachte Inschrift. Es sind die Worte des Prassers, die dieser an Abraham richtet. Mit dem rechten Finger zeigt er auf seinen Mund, denn er bittet ihn um einen Tropfen Wasser zur Kühlung – allerdings ohne Erfolg. Ebenso wird auch seine Bitte abgelehnt, den seligen Lazarus zu seinen Brüdern zu schicken, um sie zu warnen, damit sie später nicht dasselbe Schicksal wie er erleiden müssen. Bedeutungsvoll hebt Abraham seine Hand im Redegestus und deutet damit seine Antwort an: Wer nicht auf die biblischen Schriften hört, der wird sich auch nicht überzeugen lassen, wenn jemand von den Toten aufersteht.

Trost für Notleidende

Wir sehen hier ein Gleichnis mit einer besonderen Botschaft, die in vielen Bildern und wenigen Worten vermittelt wird. Für den zeitgenössischen Betrachter, der damals zumeist nicht lesen konnte, waren die bildlichen Szenen eindeutig: Es war

Dauerschau „Gusseisen" in Haus Momberg I und II im Hessenpark

eine Art Warnung oder Mahnung, mit den eigenen Gaben gut umzugehen. Eine Aufforderung an die Reichen, die Armen nicht zu vergessen, sie nicht zu übersehen, sondern vielmehr hinzusehen und Anteil zu nehmen. Gleichzeitig war es aber auch ein Trost für Notleidende wie den armen Lazarus, dem – wie schon sein Name besagt – „Gott geholfen hat". Zuerst war er der Arme, zum Schluss aber ist er der Reiche, der sicher und geborgen in Abrahams Schoß ruht. *Christine Jung*

Literatur: Baeumerth 1994

Liebe über den Tod hinaus

Der Kronberger Tränenbecher von 1599 (Museum Burg Kronberg)

Sein Körper ist aus reinem Silber, der Lippenrand kostbar vergoldet und die Wandung reich mit einem tropfenförmigen Dekor verziert. So steht er da, hoch erhoben auf einem Podest, von allen Seiten sichtbar unter der gläsernen Haube. Ausgestellt ist hier im dunklen Gemäuer der Burg eine kunstvolle Silberschmiedearbeit aus der frühen Neuzeit. Es ist ein glanzvoller Silberbecher, entstanden vor über vier Jahrhunderten, der beim Gang durch das Museum alle Blicke auf sich zieht und dabei viele Fragen aufwirft: Was hat es auf sich mit diesem jahrhundertealten Trinkgefäß? Woher kommt es, warum und für wen wurde es geschaffen? Und vor allem: Was kann es uns erzählen, an diesem besonderen Ort, im Innern der Burg, in der die Kronberger Ritter viele Jahrhunderte lang residierten?

Im Nordflügel der Mittelburg, dem so genannten Flügelstammhaus, ist heute das Museum Burg Kronberg untergebracht. Es zeigt in den ehemaligen Wohnräumen der Ritter zahlreiche Exponate aus verschiedenen Epochen, die einen Einblick in das Leben auf der Burg und ihrer Geschichte geben. Darunter finden sich auch zwei Originale, die aus dem Besitz der Adelsfamilie stammen. Dazu gehört zum einen das Gemälde mit der Darstellung der Kronberger Schlacht von 1389. Und dazu gehört zum anderen der elf Zentimeter hohe Silberbecher, der seit Neueröffnung des Burgmuseums 2008 im ersten Obergeschoss präsentiert wird. Es war der Ehrenbürger und Historiker Wolfgang Ronner, der diesen Becher anlässlich der Feiern zum Jubiläum „675 Jahre Stadtrechte“ dem Museum gestiftet hatte, als ein kostbares Kleinod aus der Zeit der Kronberger Ritter, das – so der Historiker – ein „Stück ihrer Geschichte erzählt“ (Ronner 2006, S. 215). Und zwar ein Stück ihrer Familiengeschichte, die uns weit zurück an das Ende des 16. Jahrhunderts führt.

Eine Familiengeschichte

Man schrieb das Jahr 1599, als das Silbergefäß mit seinem kunstvollen Dekor gefertigt wurde. So geht es aus der Gravur am Becherboden hervor, die nicht nur das Jahr überliefert. Zwei Namen und Wappen sind hier außerdem eingraviert: „W.v.Cronberg“ und „A.M.v.Cronberg ge. V. Ernberg“ steht in großen Lettern auf der umlaufenden Inschrift am Rande des Bodens geschrieben, der in seiner Mitte ein Ehewappen zeigt. Links ist das Kronberger Schild mit der Krone zu sehen, während rechts der Adler derer von Ehrenberg zu erkennen ist. Damit konnte das Rätsel um den Becher von Wolfgang Ronner gelöst werden, denn nur einmal war nach seinen Forschungen ein Kronberger mit einer von Ehrenberg verheiratet gewesen: Das war Walter aus dem Kronenstamm, der 1557 als Sohn von Anna

Tränenbecher, 1599, Silber, vergoldeter Lippenrand

Riedesel von Eisenbach und Walter von Kronberg geboren wurde. Er war ein Enkel des berühmten Hartmut XII., der als Anhänger der Reformation in die Geschichte eingegangen ist. Auf dem sogenannten Disch, einer bemalten Tischplatte, die als Kopie im Burgmuseum in unmittelbarer Nähe des Bechers hängt, ist der Großvater mit seiner Familie dargestellt – darunter auch Walters früh verstorbener Vater neben seinem Onkel und Vormund Hartmut.

Trauernde Witwe

Walter selbst hat seit 1574 an der lutherischen Universität in Wittenberg studiert und war später – den Urkunden zufolge – in verschiedenen Vermögensangelegenheiten tätig gewesen. Nach dem Tod seiner ersten Ehefrau Maria von Wersabe heiratete er Agnes Maria von Ehrenberg, die laut Ehevertrag von 1587 eine Mitgift über 8.000 Gulden erhalten hatte. Mehr als ein Jahrzehnt lang waren sie verheiratet, bis Walter schließlich im Januar 1598 starb und in der Oppenheimer Katharinenkirche beigesetzt wurde. Er hinterließ drei Kinder und eine Witwe, deren Trauer wohl sehr groß gewesen sein muss. Denn ein Jahr nach seinem Tode wurde – sicherlich in ihrem Auftrag – der kostbare Silberbecher gefertigt, auf dem das Paar verewigt ist. Wir sehen hier also einen Becher zum Andenken an den Verstorbenen, bei dem es sich auch um eine Art Trauergefäß handeln könnte. Nicht nur die Gravur am Boden, auch das auffällige Dekor an der Gefäßwand könnte dafür sprechen.

So scheinen hier viele dicke Wassertopfen die Wandung herunterzulaufen: Sie fließen in verschiedene Richtungen herab, bilden Rinnsale aus, verzweigen sich und schlängeln sich nach unten, um schließlich in einer dicken Tropfenform zu enden. Dieses Motiv erscheint auf fein punziertem Grund, genauer gesagt, es entsteht durch das Aussparen der Punzierung. Auf diese Weise bildet es sich gleichsam plastisch vor dem Hintergrund einer strukturierten Oberfläche heraus, die den übrigen Körper wie eine Haut überzieht. Der Fachbegriff für diese aufwendige Gestaltung ist Schlangen- oder Fischhaut, die oftmals rundum ohne weiteres Dekor auf Gefäßen eingesetzt wird, mitunter auch, um sie einfach griffiger zu machen. Manchmal werden derartige Becher auch als Schwitz- oder Schweißbecher bezeichnet, da sie den Eindruck erwecken, als wären sie durch kondensierte Feuchtigkeit beschlagen. Wenn nun auch noch zahlreiche Tropfen darauf zu sehen sind, wie bei unserem Stück, so wird dieser Zusammenhang noch offensichtlicher.

Doch was soll es bedeuten, dass hier so viele Wassertropfen die Wandung herabrinnen? Sind es nicht viel mehr Tränen, die auf diesem Becher wiedergegeben werden? Handelt es sich also um eine Art Tränenbecher, der die Trauer der Hinterbliebenen darstellt? Immer wieder ist in diesen Zeiten von sogenannten Tränengefäßen die Rede, wenn es um einen alten Mythos geht, und zwar um das Sammeln der Tränen in einem Gefäß, die um einen Verstorbenen geflossen sind. So glaubte man damals (was heute allerdings widerlegt ist), dass im Altertum den Toten derartig gefüllte Gefäße mit ins Grab gegeben wurden. In vielen verschiedenen Überlieferungen taucht der Tränenkrug, der schon in der Bibel genannt wird, bis weit in das 19. Jahrhundert auf. Er war zu einem allgemeinen Sinnbild für die Trauer um die Toten, für die geweinten Tränen geworden.

Auch bei unserem Kronberger Becher scheinen die Tropfen die fließenden Tränen der Witwe zu verkörpern, die sie nach dem Tode ihres Mannes vergossen hat. Darauf verweist nicht nur das Dekor, sondern auch die Inschrift mit der Jahreszahl 1599, die das erste abgelaufene Trauerjahr angibt.

Weitere Deutung

Wenn man nun aber diesen Becher mit anderen Tränenbechern vergleicht, so scheint es noch eine weitere Deutung zu geben. Denn das Tropfendekor findet sich auf einer Reihe von Silbergefäßen wieder, die auch anderen Zwecken gedient haben. Ein ähnliches Muster weist beispielsweise ein kaiserlicher Ehrenbecher auf, der als Dankesgeschenk für eine Zimmermannzunft geschaffen wurde. Auch auf anderen Bechern, Pokalen oder sogar Humpen kommt das Motiv in den Jahrzehnten rund um die Jahrhundertwende häufig vor, das in der Literatur nicht nur als Tränendekor bezeichnet wird. Hier wie dort findet sich auch der Hinweis auf seine Deutung als „Schweiß- oder Blutstropfen Christi", das heißt, es verweist auf die Passion Christi, auf sein Gebet im Garten Getsemane. Nach dem letzten Abendmahl, in der Nacht vor seinem Tod, betete Jesus, dass der Kelch des Leidens an ihm vorübergehen möge. Wie der Evangelist Lukas berichtet, rinnt ihm dabei der Schweiß wie Blut von der Stirn und tropft auf den Boden. Es ist dieser wundersame Blutschweiß, der seine große Todesangst verkörpert. Für den tiefgläubigen Menschen der frühen Neuzeit erscheint er als ein Zeichen seiner Liebe, er ist ein Sinnbild des Trostes und der Stärkung, das von Erlösung, von der christlichen Heilsbotschaft kündet.

Der Tränenbecher im Museum Burg Kronberg

Ob Tränen oder Tropfen – der Kronberger Becher zeigt ein vielschichtiges Dekor, das auf mehreren Ebenen betrachtet werden kann. Zu sehen ist ein kunstvoll gestaltetes Silbergefäß, das ein Stück Familiengeschichte erzählt und dabei gleichzeitig auf einen größeren Sinnzusammenhang verweist. Zum Vorschein kommt ein kostbares Werk, das nicht nur Ausdruck von tiefer Trauer ist, sondern darüber hinaus in einem „höheren" Sinne Trost spendet.

Christine Jung

Literatur: Ronner 2006

Der Dorfspieß von Schloßborn

Ein Symbol für Recht und Ordnung (Heimatmuseum Schloßborn, Glashütten)

Jahrhundertelang sorgten sie mit ihrem Spieß für Recht und Ordnung: Jeden Tag und jede Nacht machten sich die Wächter auf den Weg und zogen mit ihrer Waffe durch den Ort und vor die Tore, um die Menschen zu schützen, um das Dorf zu bewachen: Im Laufe der Jahrhunderte wanderte der Stab von einem zum anderen, von einem diensthabenden Wächter zum nächsten, der ihn zum Zeichen seiner Amtsgewalt ständig bei sich trug. Doch dann – es muss um die Jahrhundertwende gewesen sein – war er eines Tages verschwunden. Georg Rudolf, einer der letzten Nachtwächter von Schloßborn, hatte ihn noch zu Beginn seiner Amtszeit 1890 übergeben bekommen und vermutlich auch einige Zeit lang mit sich geführt, bis er schließlich nicht mehr zum Einsatz kam. Ob er im Hause des letzten Spießträgers für immer abgelegt oder verlegt wurde – man weiß es nicht. Sicher ist jedoch, dass er viele Jahre später an einem anderen Ort wieder auftauchte. Es war im Jahr 1930, als die Waffe ohne ihren Holzgriff bei Erdarbeiten auf einem Gemeindegrundstück zutage kam. Gefunden wurde der Spieß auf einem Acker in der Flur Vogelherd, den der 1921 verstorbene Nachtwächter Rudolf einst gepachtet hatte. Warum und wieso er dorthin gelangte, ist nicht überliefert. Vermutlich war er aus Versehen aus dem Haus des Nachtwächters auf den Acker gewandert.

Als man den Spieß wiederfand, wusste man sofort, um welchen „Schatz" es sich dabei handelte, auch wenn das Stück schon länger unter der Erde lag. So erinnerte sich der damalige Bürgermeister Johann Friedrich Marx wieder an ihn und verfasste eine Notiz, in der er die Fundumstände beschrieb und den früheren Besitzer nannte: „Vermutlich ist die Waffe der frühere Dorf=Spieß, der zuletzt von dem Nachtwächter Georg Rudolf getragen wurde", schrieb er auf ein Blatt Papier, das lange Zeit zusammen mit der Waffe an einem unbekannten Ort lagerte.

Zu den Akten gelegt

Dabei geriet das gute alte Stück über viele Jahrzehnte hinweg in Vergessenheit. Bis schließlich eine Gruppe von Heimathistorikern, die seit Jahren die alten Gemeindeakten archiviert, die historische Waffe wiederentdeckte. Groß war die Überraschung, als Ingrid Berg aus Glashütten den Dorfspieß am 13. Dezember 2011 zwischen den Aktenbündeln hervorzog. Man hatte ihn also tatsächlich an einen – für eine Waffe – ungewöhnlichen Ort sozusagen zu den Akten gelegt.

Zum Vorschein gekommen war der jahrhundertealte Dorfspieß, an dem noch der handgeschriebene Zettel von 1930 hing. So war die Waffe zum zweiten Mal aufgetaucht, die zunächst restauriert und anschließend im Heimatmuseum in einer Vitrine ausgestellt wurde. Dort liegt der Spieß heute unter Glas in einer Holzschatulle auf rotem Samt – und neben ihm die Beschreibung des frü-

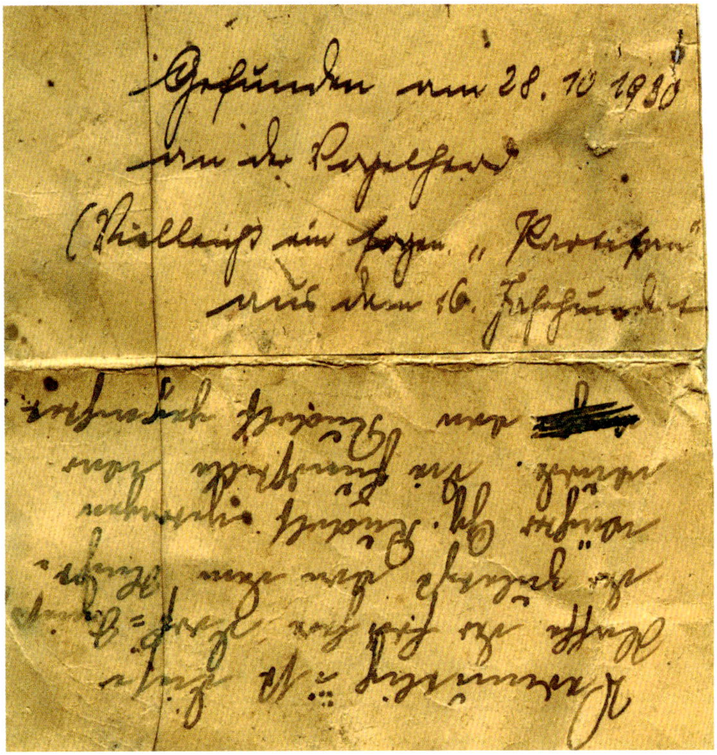

Gefunden am 28.10.1930

aus dem 16. Jahrhundert

Anhänger mit der Notiz des Schloßborner Bürgermeisters Johann Friedrich Marx vom 28.10.1930

heren Bürgermeisters, der die Waffe als einen sogenannten „Partisan" aus dem 16. Jahrhundert bezeichnet.

Insgesamt 240 Millimeter lang und bis zu 116 Millimeter breit ist das erhaltene Stück aus Metall mit seiner sich zuspitzenden Klinge, den gebogenen Seitenteilen und einem Drehgewinde am hinteren Ende. Damit wurde die Waffe ursprünglich auf einer langen hölzernen Stange befestigt, die wiederum in einem eisernen „Schuh" steckte. Nach Auskunft des Experten Wolfgang Weitz handelte es sich dabei um ein Unteroffiziers-Kurzgewehr, wie es in Preußen um 1740 in Gebrauch war. Derartige Stangenwaffen seien aus den sogenannten „Partisanen" hervorgegangen, das heißt, aus den sauspießähnlichen Stichwaffen der Fußtruppen, die mit dem Aufkommen der Feuerwaffen im 18. Jahrhundert als Waffen verschwanden.

Zeichen für Befehlsgewalt

Stattdessen habe man sie – so der Fachmann – vor allem nur noch als Zeichen der Innehabung der Befehlsgewalt und der Repräsentation genutzt.

Lange Zeit war es in den Städten und Dörfern üblich, die Wächter mit derartigen Stangenwaffen auszurüsten. So auch in Schloßborn, wo es über viele Jahrhunderte hinweg einen Dorfspieß gab, wie heute nicht zuletzt der „Spitzen-Fund" bezeugt. Immer wieder taucht der Spieß in den historischen Unterlagen auf. Noch 1796 wird er in den Rechnungen als Gemeindeinventar aufgeführt, wie Alwin Klomann im Jahrbuch Hochtaunuskreis 2014 schreibt. In seinem Beitrag über den „Schloßborner Dorfspieß" berichtet er davon, dass die Dorfbewohner in früheren Zeiten eine Reihe von Leistungen und Pflichten für die Gemeinschaft erfüllen mussten. Und dazu zählte auch der Tag- und Nachtwachendienst. Jeder Mann kam einmal an die Reihe, einer nach dem anderen musste im täglichen Wechsel eine Tageswache übernehmen. Dabei trug man im 18. Jahrhundert den Spieß vor allem als ein Symbol, der aber auch als Waffe eingesetzt werden konnte. Erst später, im frühen 19. Jahrhundert, wurde die Tageswache an einen Wächter vergeben, der dafür auch entlohnt wurde. Ob dieser damals noch den Spieß mit sich führte, ist nicht bekannt. Jedenfalls wird der Wachdienst im Jahr 1819 noch als „Spießdienst" bezeichnet.

Ebenso wie die Tagwächter waren auch die Nachtwächter mit einem Dorfspieß ausgestattet. Nacht für Nacht machten sie sich mit ihrer Waffe, der Laterne und einem Wachthorn auf den Weg, um innerhalb und außerhalb der Ringmauer für Sicherheit zu sorgen. Zu jeder Stunde meldeten sie sich und verkündeten die Uhrzeit, indem sie auf ihr Horn bliesen oder die Stunde ausriefen – auch und vor allem um anzuzeigen, dass sie präsent sind und ihren Dienst ordnungsgemäß ausüben.

Wenn ein Wächter seiner Arbeit nicht nachging und seinen Nachtdienst unterbrach, so hatte das gewaltige Folgen. Er wurde für sein Vergehen angeklagt, vor Gericht gestellt und bestraft. Dies war mitunter auch in Schloßborn der Fall, wie Alwin Klomann bei weiteren Recherchen herausfand. Verschiedene Nachtwächter hatten ihren Dienst nicht regelmäßig ausgeführt. „Sie haben ihren Spieß in die Ecke gestellt und sind ins Wirtshaus gegangen." Und das habe erhebliche Strafen nach sich gezogen.

Wie aus den Gemeinderechnungen hervorgeht, gab es im 18. Jahrhundert meistens zwei Nachtwächter. Oftmals waren es Hirten, die außerhalb der Ringmauer wohnen mussten, sonst wäre ihr Gehalt gekürzt worden. Auch der letzte Spießträger Georg Rudolf hatte bis zu seinem Tod 1921 in einem der Hirtenhäuser in der Hirtengasse gelebt. Er war übrigens der drittletzte Nachtwächter von Schloßborn, denn seit 1925 gab es keine weiteren Bewerber für dieses Amt mehr, das hier – wie überall – an Bedeutung verloren hatte.

Mehrere Jahrhunderte lang war der Dorfspieß der ständige Begleiter der Schloßborner Wächter. Sie führten die Waffe immer bei sich auf ihrem Rundgang durch die Straßen und Gassen von Schloßborn. Dabei war der Spieß im Laufe der Jahrhunderte durch viele Hände gegangen, bevor er schließlich mehrfach in der Versenkung verschwand, um dann immer wieder überraschend aufzutauchen. Nun aber hat er endlich seinen festen Platz im Museum gefunden und wird hier in Ehren gehalten. Zu sehen ist ein besonderes Stück Heimatgeschichte: ein bedeutendes Zeugnis aus der Vergangenheit des Taunusortes, das dem Besucher eine einzigartige Geschichte erzählen kann.

Christine Jung

Literatur: Klomann 2014

Das Porträt des Landgrafen

Die barocke Bronzebüste von Andreas Schlüter (Schloss Bad Homburg)

Ein ruhiger und erhabener Ausdruck liegt auf seinem Gesicht. Der Kopf ist nach rechts gewandt, der Blick in die Ferne gerichtet. Mit erhobenem Haupt und üppiger Lockenpracht erscheint er in kräftiger korpulenter Gestalt, reich bekleidet mit antiker Rüstung und darüber geschwungenem Mantel in aufwendiger Drapierung. So ließ sich der Landgraf vor weit mehr als drei Jahrhunderten porträtieren von einem der bedeutendsten Künstler seiner Zeit: von dem berühmten Bildhauer und Architekten Andreas Schlüter, der zwischen 1701 und 1704 das vielbeachtete Bronzebildnis von Friedrich II. geschaffen hat.

Wer das Vestibül im Bad Homburger Schloss betritt, steht diesem Werk in einer Kopie gegenüber. Wer daraufhin in den Schlosshof geht, kann eine weitere Nachbildung am ursprünglichen Standort der Büste über dem Portal zum Archivflügel erblicken. Und wer schließlich im Königsflügel den Ahnensaal aufsucht, kann die Bronzeplastik im Original sehen. Gleich an drei Stellen ist das Porträt des Landgrafen heute in seinem Schloss gegenwärtig, das bei näherer Betrachtung einiges über seine Person und Persönlichkeit aussagen kann.

Friedrich II. von Hessen-Homburg war der Landgraf mit dem „silbernen Bein", der auch als „Held von Fehrbellin" bekannt wurde, oder vielmehr noch als „Prinz von Homburg", dem Heinrich von Kleist in seinem Drama ein literarisches Denkmal gesetzt hat. 1633 wurde er in Homburg als jüngster Sohn des Landgrafen Friedrich I. geboren. Da er nicht davon ausgehen konnte, jemals die Regentschaft zu übernehmen, begann er eine militärische Karriere und zog in den Krieg. Mit nur 26 Jahren verlor er bei der Schlacht von Kopenhagen sein rechtes Bein und trug von nun an eine Prothese, das legendäre „silberne Bein", das sich auch heute noch im Schloss befindet. Verheiratet war Friedrich mit drei sehr vermögenden Frauen und hatte insgesamt 15 Kinder. Seine zweite Ehefrau, Louise Elisabeth von Kurland, war die Nichte des Großen Kurfürsten Friedrich Wilhelm von Brandenburg, mit dem er bereits durch seine Besitzungen in Brandenburg in Verbindung stand. Schon bald nach der Hochzeit trat er in dessen Kriegsdienste und nahm an vielen Kriegszügen teil. Legendär war vor allem seine Rolle bei der entscheidenden Schlacht von Fehrbellin 1675, aus der er als siegreicher Held hervorging.

Dann aber gab es eine große Wende im Leben des Kriegshelden. Nach dem Tod seiner Brüder übernahm der Prinz die Regierung der Landgrafschaft Hessen-Homburg. Sogleich begann er die mittelalterliche Hohenburg bis auf den Weißen Turm abzureißen und an ihrer Stelle eine barocke Schlossanlage zu errichten. Unter seiner Ägide erlebte Homburg eine große Blütezeit. In den

Andreas Schlüter, Porträtbüste des Landgrafen Friedrich II. von Hessen-Homburg, zwischen 1701 und 1704, Bronze

Kopie der Bronzebüste an ihrem ursprünglichen Standort im Giebel über dem Portal zum Archivflügel

folgenden Jahren wurde aus dem mittelalterlichen Taunusort eine neuzeitliche Residenzstadt. Unermüdlich widmete sich der Landgraf der Entwicklung seiner Herrschaft, unter anderem auch durch die Ansiedlung französischer Glaubensflüchtlinge in Homburg, Dornholzhausen und in Friedrichsdorf, der 1687 gegründeten Hugenottenstadt.

Beliebt beim Volk

Der Landgraf war ein absolutistischer Herrscher, der bei der Bevölkerung hoch angesehen und beliebt war. Er galt als wagemutig, tolerant und großmütig, war willensstark, voller Ideen und von lebhaftem Temperament. Von seiner äußeren Erscheinung kann man sich im Schloss gleich mehrfach ein Bild machen. Es gibt eine Reihe von Bildwerken mit zeitgenössischen Darstellungen, darunter ein Reiterbild von Zacharias Juncker d. J., das den Schlossherrn als davonpreschenden Reiter auf dem Portal des Hirschgangflügels zeigt. Demgegenüber erhebt sich auf der anderen Seite des Schlosshofes sein bekanntestes Bildnis (heute in Kopie): die Bronzebüste von Andreas Schlüter, die zu den herausragenden Werken deutscher Barockplastik gehört.

Wie aber ist es zu dem Auftrag an den Berliner Hofbildhauer und Schlossbaumeister gekommen? Auf welchem Weg war der Kontakt zustande gekommen? Die genauen Umstände sind nicht bekannt, dafür verweist aber einiges auf eine besondere Verbindung zwischen Homburg und Berlin. Bereits das berühmte Reiterdenkmal des Großen Kurfürsten von Brandenburg, heute im Ehrenhof von Schloss Charlottenburg, war nicht nur von Schlüter modelliert, sondern auch von einem Homburger in Bronze gegossen worden. Und zwar von Johann Jacobi, der damals in Berlin die Werke des Bildhauers in Metall umsetzte. Dies gilt auch für die Bronzebüste des Landgrafen, wofür der Homburger ein Haus in seiner Heimatstadt bekam. Immer wieder wird in diesem Zusammenhang angenommen, dass es wahrscheinlich Jacobi war, der auch den Kontakt zu Schlüter vermittelt hatte.

1701 soll sich der Landgraf in Berlin aufgehalten haben, vermutlich wurde damals der Auftrag an den Bildhauer vergeben. Ob dabei ein Modell oder Hilfsmodell entstand, ist nicht belegt. Sicher ist jedenfalls, dass es eine Lebendmaske gab, die dem Künstler als Vorbild für sein Werk gedient hat. „1 wechsernes Posament, wonach das von Metall gegossene Bild des hochselgen H. Landgrafen ist gemacht", so steht es eindeutig im Nachlassinventar des Landgrafen von 1708 geschrieben. Bis heute hat sich eine Wachsmaske erhalten, die nach dem Gesicht des Fürsten geformt und farbig gefasst wurde. Bei einem Vergleich ist die Ähnlichkeit in der Physiognomie unverkennbar, auch wenn bei der Büste vieles – wie vor allem die Nasenpartie – idealisiert wurde.

Das Porträt des „Prinzen von Homburg" in Kopie im Vestibül des Bad Homburger Schlosses

Macht und Würde

Mit den Stilmitteln des Barock hat Schlüter hier das imposante Bildnis einer eindrucksvollen Persönlichkeit geschaffen. Dabei handelt es sich nicht nur um ein charakteristisches Porträt, das die typischen Züge des Dargestellten trägt. Es ist mehr noch das Idealbild eines Herrschers im Zeitalter des Absolutismus. Aus seiner gesamten Erscheinung spricht die Autorität des Fürsten, seine Macht und Würde, aber auch Kraft und Stärke. Alles an ihm wirkt machtvoll oder vielmehr „mächtig". Vor allem sein Kopf mit der reichen Lockenpracht der „Allongeperücke" zeugt von barocker Fülle. Mit großen, weit blickenden Augen schaut er in die Ferne, den Mund verschlossen, das kräftige Kinn erhoben. Nicht nur Willensstärke und Entschlossenheit spiegeln sich in seinem Antlitz, sondern gleichzeitig Ruhe und erhabene Gelassenheit. Auch die Kleidung, in der sich Antikes und Zeitgenössisches verbindet, scheint einiges über den Herrscher auszusagen: Wie ein römischer Imperator trägt er den Brustpanzer mit dem Medusenhaupt als Schutzsymbol. Darüber liegt quer über dem rechten Oberkörper der Mantel mit kostbarem königlichem Hermelinfell, der, wie vom Wind bewegt, faltenreich aufgeworfen ist. Zu sehen ist ein monumentales Bildnis von großer Plastizität, das rundum von allen Seiten detailgenau ausgearbeitet wurde. Es ist ein Meisterwerk barocker Skulptur, das den Fürsten – in Anlehnung an das Herrscherbild des französischen Königs Ludwig XIV. – als absolutistischen Regenten verherrlicht und verewigt. Friedrich II. von Hessen-Homburg erscheint hier in zeitloser majestätischer Gestalt: als ein Held mit ruhmreicher Vergangenheit, als mächtiger Herrscher von großer Präsenz, der weitsichtig in eine ferne Welt blickt. *Christine Jung*

Literatur: Ladendorf 1935, S. 24 f.; Zitzlsperger 2014

Faszination für den Fernen Osten

Die Lacktafeln der Landgräfin Elizabeth (Schloss Bad Homburg)

Schwarz glänzt der Grund, auf dem sich eine reiche Flora und Fauna ausbreitet. Am schilfbewachsenen Ufer haben sich zwei Wasserhühner auf einem Zweig über dem Wasser niedergelassen. Auf den Ästen eines früchtetragenden Baums sitzen zwei Wasservögel, während über ihnen Schmetterlinge und Libellen durch die Lüfte fliegen. Es gibt viel zu sehen auf den Lackbildern, die im Bad Homburger Schloss die Wände eines Raums schmücken. Sie zeigen die Vielfalt der Natur und ihre Schöpfungen, viel Heimisches, aber auch Exotisches und Fantastisches. Elf Lackbilder hängen hier am Ende des langen Korridors in einem Raum, der in die ehemalige Bibliothek führt. Wir befinden uns im Englischen Flügel, in den Wohnräumen der Landgräfin Elizabeth, reich ausgestattet im Stil des Empire. Hier, im ersten Obergeschoss, hatte sich die englische Prinzessin nach dem Tode ihres Mannes 1829 ihren Witwensitz eingerichtet.

Seit 1818 war die Tochter des englischen Königs George III. mit Landgraf Friedrich Joseph IV. von Hessen-Homburg verheiratet gewesen und nach der Hochzeit vom englischen Königshof nach Homburg gezogen. Dort hatte sie sich vielseitig in der Stadt engagiert und verschiedene soziale Einrichtungen gefördert. Sie kümmerte sich um die Stadterneuerung, ließ Gärten anlegen, das Gotische Haus erbauen und erweiterte beziehungsweise verschönerte das Schloss.

„My beloved and happy home", so nannte sie ihr geliebtes Zuhause, das sie ihrem Geschmack entsprechend mit kostbarem Mobiliar und Kunstwerken ausstattete. Wie schon ihre Mutter Sophie Charlotte von Mecklenburg-Strelitz, so war auch Elizabeth eine begeisterte Sammlerin, die sich intensiv der Kunst und dem Kunsthandwerk widmete. Aber nicht nur das Sammeln und Studieren von Kunstwerken, sondern auch die Kunstausübung selbst waren ihre große Leidenschaft. Aufgewachsen in einer besonders kunstinteressierten Familie, die ihr Talent förderte, erhielt sie eine umfassende Ausbildung – so wie es damals für Töchter aus dem Adel allgemein üblich und besonders schicklich war, das heißt, sie hatte am englischen Königshof verschiedene Künste erlernt und dabei viele Studien betrieben. Zu ihren Lehrern gehörten so bedeutende Maler wie Thomas Gainsborough, Paul Sandby und Benjamin West. Neben der Malerei, dem Aquarellieren, dem Zeichnen und der Grafik befasste sich die englische Prinzessin insbesondere auch mit der

Landgräfin Elizabeth, Ein Paar Wasserhühner, Lacktafel, Anfang 19. Jahrhundert

Zwei Papageien

Architektur und Innenarchitektur. Darüber hinaus schuf sie Wand- und Lackmalereien, bemalte Stoffe und verzierte Möbel oder illustrierte Bücher und vieles mehr. Dass Elizabeth künstlerisches Talent besaß, das über die übliche höfische Beschäftigung einer Amateurin hinausging, davon zeugen heute noch einige ihrer im Schloss ausgestellten Werke.

Elf Wandtafeln

Wer durch die Räume im Englischen Flügel geht, kann sich von ihrer künstlerischen Tätigkeit ein Bild machen. In der ehemaligen Bibliothek hängt eine Kopie des Gemäldes von Johann Friedrich Voigt aus dem Gotischen Haus. Es zeigt die Liebhaberkünstlerin bei der Arbeit in ihrer Bibliothek an einem Maltisch sitzend, dem sogenannten Davenport, der hier im Original ausgestellt ist. An diesem besonderen Arbeitstisch mit Schreibpult sind sicherlich viele ihrer Werke entstanden. Wir sehen in der Ausstellung mehrere Zeichnungen und Grafiken von der Hand der Landgräfin, darunter Landschaften, Genrebilder oder antikisierende Szenen. Darüber hinaus finden sich hier die einzigen erhaltenen Zeugnisse ihrer Lackkunst. Es handelt sich dabei um Teile einer exotischen Wandverkleidung: Insgesamt elf Tafeln sind im Schloss ausgestellt, von denen neun stilistisch zusammengehören. Wie aus der Signatur „Eliza" hervorgeht, stammen sie alle von der Landgräfin. Auf feinen asiatischen Papiermaché-Tafeln mit schwarzer Lackbeschichtung, vermutlich importiert aus China, trug sie eigenhändig in flacher und erhabener Malerei die Bildmotive auf. Vor den Augen des Betrachters breitet sie die Natur in großer Vielfalt aus. Zu sehen sind verschiedene Kompositionen mit Pflanzen und Tieren am Wasser, auf der Erde oder felsigem Gestein, die von einem intensiven Naturstudium zeugen, gleichzeitig aber auch fantastische Motive enthalten. Vögel verschiedener Arten, darunter Fasane, Papageien, Wasservögel oder Hühner, erscheinen hier in ihrer natürlichen Umgebung fast immer als Paar, einander innig zugewandt. Oftmals tauchen auch Schmetterlinge auf, die zu den bevorzugten Motiven der Landgräfin gehören.

Zwei weitere Tafeln aus Mahagoniholz werden ebenso der Landgräfin zugeschrieben. Sie zeigen eine vollkommen andere, weniger freie Art der Darstellung mit Landschaften und figürlichen Szenen, die sich an älteren fernöstlichen Bildern orientieren.

Diese exotisch anmutenden Lackmalereien zeugen von einer besonderen Vorliebe der Landgräfin, die sie mit ihrer Familie in England, vor allem mit ihrer Mutter, teilte. Es war die Faszination für das Fernöstliche, für die Kunst und Kultur Ostasiens, die damals groß in Mode war. Asiatische Kunstschätze, Seide, Porzellan und Lackwaren wurden vielfach importiert und fanden Eingang in die höfischen Sammlungen. Und auch Elizabeth besaß eine Reihe von originalen Arbeiten, darunter beispielsweise einen japanischen Kabinettkasten aus Lack mit Perlmutteinlagen aus der ersten Hälfte des 17. Jahrhunderts, der heute im Schloss vor den Lacktafeln auf einer Kommode steht.

Die Asienbegeisterung und die wachsende Nachfrage nach Exotika hatten schon bald dazu geführt, dass man in Europa eigene sogenannte Chinoiserien herstellte, das heißt, man fertigte Kunstgegenstände nach chinesischem oder japanischem Vorbild. Besonders beliebt waren vor allem die schwarz glänzenden Lackarbeiten, die entweder nach Vorlagen oder frei gestaltet wurden.

Red Japan Room

Auch die Prinzessin widmete sich immer wieder dieser Kunst und gestaltete bereits in England mehrere Tafeln mit asiatischem Dekor, unter anderem komplette Wandverkleidungen für die königlichen Residenzen. So auch für das Landhaus Frogmore House ihrer Mutter bei Windsor. Diese sind heute zwar nicht mehr vor Ort oder in den englischen Sammlungen vorhanden, dafür gibt es aber in William Henry Pyne's „History of the Royal Residences" von 1819 eine Abbildung, die einen mit Lacktafeln rundum ausgestatteten japanischen Salon zeigt. Zu sehen ist der „Red Japan Room" mit der von Elizabeth ausgeführten Wandverkleidung, die vergleichbare Bilder und Motive aufweist. Vor diesem Hintergrund stellt sich natürlich die Frage, ob auch die Homburger

Die Lacktafeln der Landgräfin Elizabeth im Englischen Flügel

Tafeln ursprünglich aus diesem Zusammenhang stammen. Sind sie nach dem Tod der Mutter als Erinnerungsstücke nach Homburg gekommen? Oder handelt es sich um Arbeiten Elizas, die sie eigens für das Landgrafenschloss geschaffen hat? Es gibt keine Hinweise auf die Herkunft der Tafeln und ihre ursprüngliche Bestimmung, möglich ist aber, dass sie Teil der erwähnten Ausstattung von Frogmore House waren. Auch der frühere Standort der Tafeln im Schloss ist nicht bekannt. Zuletzt hingen sie im Königsflügel an den Wänden des 1911 eingerichteten Badezimmers von Kaiser Wilhelm II.

Im Zuge der Wiedereinrichtung des Englischen Flügels 1995 kamen die Paneele schließlich in das Appartement von Elizabeth, wo sie bis heute einen Einblick in die glanzvolle Kunst der Landgräfin geben, in der sich die Faszination für eine ferne Welt und ihre Kultur spiegelt. *Christine Jung*

Literatur: Reepen 1996, S. 63–66; Hagedorn 2002

Kirdorf.

Muskelkraft und Strahlweite

Die Feuerspritze von 1810 (Feuerwache Bad Homburg)

Wenn Uwe Wolf eine Schar Besucher durch die Bad Homburger Feuerwache an der Dietigheimer Straße führt, beginnt er seinen Rundgang stets kurz hinter dem imposanten Eingangsportal. Dort, von außen gut sichtbar hinter Glaselementen, steht die älteste noch erhaltene Feuerspritze der Kurstadt. Genauer: Das historische Gerät gehört zum heutigen Ortsteil Kirdorf – was ein seitlich angebrachter Schriftzug auch unmissverständlich klarmacht.

Obwohl nicht in den hehren Hallen eines Museums aufbewahrt und interessierten Gästen zu festgelegten Öffnungszeiten zugänglich, ist die aus Holz, Messing und Zinkblech gefertigte Druckspritze ein unverzichtbarer Bestandteil des heimisch-historischen Schatzkästchens. Seit 2009 verweist sie an der Dietigheimer Straße auf eine versunkene Epoche der Feuerbekämpfung, ist dort am geschützten Platz und zugleich öffentlich wahrnehmbar. Den einstigen Standort in einer Kirdorfer Halle hat sie damit hinter sich gelassen – was für den Vorsitzenden des Stadtkreisfeuerwehrverbandes von Bad Homburg nur Vorteile hat: „Die Aufbewahrung im geschlossenen Raum war nicht gut für das Holz."

Und hölzern ist vieles an der Spritze, die im Jahr 1810 in Butzbach von einem „II. Kall" gebaut wurde. Aus Eiche und Buche sind Wagenaufbau und Speichenräder, Deichsel und Wandung. Die rotbraune Farbgebung mit grünen Abstufungen folgt historischem Vorbild. Zwei Querstangen zum Pumpen sind an den Seitenwänden eingehängt, das sich obenauf krümmende Strahlrohr nebst Messingkupplung glänzt golden, eine Glocke hängt alarmbereit wie eh und je neben der Sitzbank.

„Früher gehörte wohl auch ein Schlauch zur Ausstattung", so Uwe Wolf. Als aktiver Feuerwehrmann und eingefleischter Kirdorfer hat er sich mit der Feuerspritzen-Geschichte lange beschäftigt, war auch zugegen, als sich das verlorengeglaubte Relikt vor 35 Jahren wiedergefunden hat. Weil ein Feuerwehrkamerad im alten Kreisbauamt auch der dunkelsten Ecke seine Aufmerksamkeit geschenkt – „da liegt ein altes Ding drin" – und seinen Wehrführer Karl Schlott informiert hatte, wurde gerettet, was in den Wirren der Weltkriegszeit verschwunden war.

Der Zufallsfund offenbarte sich in schlechtem Zustand, war teils kaputt, teils demontiert. Etliche originale Zubehörelemente sollten unauffindbar bleiben. Es ist der ehrenamtlichen Tatkraft der Homburger Floriansjünger zu verdanken, dass sich das gute Stück nunmehr in sehr ordentlicher Verfassung präsentiert. Anderthalb Jahre lang wurde zur Feierabendstunde überholt und renoviert. Da wurden Messingteile nachgedreht, Räder, Kessel und Rohr wieder instand gesetzt.

Kirdorfer Feuerspritze, 1810

Glocke der Feuerspritze

„Reine Handwerksarbeit", die zielgerichtet war: Schließlich sollte der einst von Pferden gezogene Wagen beim Festzug zur 125-jährigen Jubiläumsfeierlichkeit der Homburger Wehr mitrollen.

Männer im Joch

Seither wurde die Spritze – gemahnend an ein Zeitalter, als die Bürgerfeuerwehr von Kirdorf in schmucker Uniform zur Tat schritt – schon einige Male zwecks Vorführungen und historischen Umzügen in Bewegung gesetzt. Statt Vierbeiner stemmen sich heute Männer ins Joch – aber nur „Homburg intern". Das Pumpen an den Schwengeln – „eine anstrengende Sache" – übernehmen acht Kameraden in abwechselndem Schwung, bringen rund 100 Liter Wasser pro Minute in Zielrichtung. Immerhin 25 Meter weit reicht der Strahl.

Gruppenführer Wolf zeigt eine alte Fotografie, auf der die Gründergarde der Kirdorfer Wehr in stolzer Aufreihung zu sehen ist. Gleich ist eine Ära aufgerufen, in der sich jeder Brand im eng bebauten Umfeld zu einer Katastrophe ausweiten kann, das „Feurio" alle Nachbarn und Bürger auf die Beine bringt. Unter bedrohlichem Glockengetön wird die Spritze in Stellung gebracht, eine Eimerkette gebildet, Einreißhaken sowie Stütz- und Dachleitern zur Hand genommen. Was hoffnungslos in Flammen steht, soll brennen – angrenzende Bauten sind zu retten. „Aus Brunnen, Trögen, dem Bach wurde das Löschwasser geschöpft und herbeigetragen." Der bis zu 400 Liter fassende Vorratsbehälter der Feuerpumpe muss dauernd aufgefüllt werden. An solche Mühsal erinnert Uwe Wolf, wenn er Besucher vor die alte Gerätschaft führt.

1888 – da hatte sich die Wehr von Kirdorf gerade gegründet – wird die Handdruckmaschine offiziell ins Bestandsregister übernommen. Es gibt Vermutungen, dass sie zu diesem Zeitpunkt schon vor Ort war. „Dokumente dazu haben sich nicht erhalten", so der Verbandsvorsitzende. Erst 1938 taucht das mittlerweile veraltete Gerät wieder im Register auf. Wolf schätzt, dass die aktive Phase bis vor den Ersten Weltkrieg gedauert hat. „Die ersten Motorspritzen mit Saug- und Druckfunktion kamen Ende des 19. Jahrhunderts auf." Dass die Urmutter naturgemäß ihren Ehrenplatz inmitten des Hundertjahrfestes der Feuerwehr Kirdorf erhalten hat – wer könnte daran zweifeln?

Kaum mehr herauszufinden ist, wie lange das Schmuckstück im Butzbacher und danach im Homburger Raum zum Brandherd rollte. Angeblich soll es hierzulande noch ein älteres, etwa um 1870 anzutreffendes Spritzenmodell gegeben haben. „Beweise fehlen aber gänzlich."

Umso mehr ist jenem aufmerksamen Menschen zu danken, der 1982 im alten Kreisbauamt genauer hingeschaut hat. Den Heutigen kommt der damalige Fund zugute: Lückenlos kann Feuerwehrhistoriker Wolf während seiner Rundgänge nun „von der alten zur neuen Technik" übergehen.

Olaf Velte

Herzogthum Naſsau.

Mit der Landsturmfahne nach Waterloo

Das Banner des herzoglichen Bataillons Usingen (Stadtmuseum Usingen)

Der Löwe ruht im hellblauen Feld, über sich die Krone, von einem losen Kranz aus Lorbeerblättern umstellt. „Und er blickt stets nach links", sagt Heribert Daume, Vorsitzender des Geschichtsvereins Usingen. Hoch an geschwungener Erdgeschosswand hängt ein Banner, das einen ungeheuren historischen Raum aufschließt, museale Zierde und Mahnmal zugleich ist.

Die im Stadtmuseum von Usingen präsentierte Landsturmfahne von 1813 hat die wechselnden Zeitenbrüche beachtlich überstanden, kann als eine der am besten erhaltenen ihrer Art gelten. Kein Zweifel: Die Symbolkraft wirkt noch immer, trotz schmuckloser Gestaltung und altersmüder Brüchigkeit. So ist die mittlerweile im Deutschen Schützenmuseum aufbewahrte Oberurseler Variante weitaus deutlicher ramponiert.

Wenn Gudrun und Heribert Daume das heimische Stück vorsichtig von der Aufhängung lösen und auf Augenhöhe bringen, ist Sorgfalt oberstes Gebot. Mehr als zwei Jahrhunderte ist der formgebende Seidenstoff alt, seine Bemalung mit auf Leimbasis wirkenden Mineralfarben eine längst ausgestorbene Technik. Hier und da hat das Blattwerk des Lorbeers an Vollständigkeit eingebüßt, ist das bekränzende Arsenal ausgedünnt.

Doch offenbart sich Wesentliches. Wem die Fahne einst voranflatterte? Die Vorderseite berichtet umstandslos: „Bataillon Usingen". Auf der anderen Seite prangt der Name jenes herzoglichen Geschlechts, für welches das Löwentier vor langer Zeit fauchend und brüllend in den Kampf zog: „Herzogthum Nassau".

Und mit einem Male sind Napoleonische Ära samt Befreiungskrieg und Entscheidungsschlacht gegenwärtig. Bis ins Residenzstädtchen Usingen, wo seit 1803 der liberal gesinnte Friedrich August fürstlich regiert, schwappt der Weltenbrand. Das Kerngebiet des späteren Herzogtums bilden in den Gründungsjahren 28 umliegende Dörfer, heute die Gemeinden des Usinger Landes, ein Teil des Hochtaunuskreises.

Nassau-Usingen, zunächst Mitglied im Rheinbund, rettet sich mit dem Wanken napoleonischer Macht in den Deutschen Bund, wechselt die Seite. Auf Anordnung Preußens – das „Landsturm-Edikt" datiert auf den 21. April 1813 – muss jedes der nassauischen Ämter ein Bataillon an Solda-

Landsturmfahne des herzoglichen Bataillons Usingen mit dem Wappen des Herzogtums Nassau (Replik)

Landsturmfahne des herzoglichen Bataillons Usingen (Replik)

ten unter eigener Fahne stellen. Am Horizont erscheint bedrohlich der entscheidende Waffengang gegen das französische Heer, die sogenannte Völkerschlacht bei Leipzig. Die oftmals zwangsrekrutierten Männer des Landsturms gelten als letzte verfügbare Reserve, um das preußische Truppenkontingent aufzustocken.

Bildlich wird die historische Situation in unmittelbarer Nachbarschaft zu der Themenstation des Museums. Ein Diorama, das Stadtförster Karl-Matthias Groß in zeitraubender Kleinarbeit geschaffen und als Leihgabe zu Verfügung gestellt hat, zeigt in Zinn gegossene und in historisch-korrekter Gestaltung bemalte Trommler, Fußsoldaten, Fahnenträger. Alle in Formation, umstellt von einigen Bäumen. Dass Förster Groß bei entsprechenden Anlässen und zwecks Wissensvermittlung in der Uniform eines Nassauer Grenadiers auftritt, sei hier der Vollständigkeit halber gerne vermerkt.

Streifschuss

Zurück zur Fahne des Usinger Landsturmbataillons: eine Rarität, 1813 von unbekannter Hand hergestellt, von ebenfalls nicht bekannter Hand bis auf die Schlachtfelder von Waterloo getragen. Dort wird am 18. Januar 1815 das Schicksal des französischen Eroberers besiegelt, das napoleonische Gefüge zum Einsturz gebracht.

Heribert Daume weist auf die originale, das Ensemble komplettierende Fahnenstange hin: „Ein Streifschuss.“ Tatsächlich ertastet die Fingerkuppe eine Delle im Holz, den Weg des Querschlägers. „Während der Waterloo-Schlacht abgefeuert.“ Ganz trübe geworden ist die blau-gelbe Farbgebung auf dem Schaft – die Usinger Wappentönung, hinaufreichend bis zum ziselierten „N“ in der Spitze.

Mit dem Ende der gegen Frankreich gerichteten Feldzüge darf auch die heimische Landsturmfahne ihren Dienst quittieren. „Sie wurde dann in vielen Haushalten Usingens aufbewahrt und für die Nachwelt gerettet.“ Irgendwann im 19. Jahrhundert übernimmt der örtliche Schützenverein die Verantwortung für das ehrwürdige Relikt. 1848 soll sie zugegen gewesen sein, als Turner und Schützen bürgerliche Rechte einforderten und die deutschen Kleinstaaten-Bewohner für kurze Zeit auf eine freiheitliche Ordnung hoffen durften. 18 Jahre später endet das Kapitel Nassau-Usingen mit der Annektierung des Herzogtums im Rahmen preußischer Herrschaftspolitik.

In der Taunusstadt hat der Schützenverein die Erinnerung – wie anders ließe es sich ausdrücken? – hochgehalten. Bis 1961 sind Umzüge zu den verschiedenen Anlässen ohne das alte Bataillonsbanner nicht denkbar. Eine Replik ist mittlerweile angeschafft und hält die Tradition am Leben.

Heute gehört die Flagge zur Dauerausstellung im Kavaliershaus, unweit des vormaligen Schloss-Standortes. Dort, wo die Alte Geheime Kanzlei als Barockbau stand und 1975 durch einen historisierenden Neubau mit gelbem Anstrich ersetzt wurde, ist die Rarität durch Gitternetz und Folie vor jeder unbedachten Berührung geschützt. Jahrelang zuvor, so Gudrun Daume, hätte die Lagerung in überheizten Räumen und Vitrinen zu Schäden geführt.

Landsturmfahne des herzoglichen Bataillons Usingen, 1813, Seide mit Leimfarben bemalt

Namensliste der Kämpfer

Behutsam restauriert ist sie nun Nachbarin einer kleinen Galerie von Zeichnungen, auf denen die Kriegsteilnehmer Nassaus zu sehen sind. Füsiliere, Jäger-Schützen, Infanteristen in Feld- und Paradeuniformen. Auf einer gerahmten Liste sind die „Waterloo-Kämpfer von Usingen" genannt – darunter Löb Wiesenthal, Feldwebel Berger, Leutnant Elzenbeck oder Wegwärter Vogel.

Einer von ihnen hat wohl vom Feldzug mitgebracht, was hier während der „Waterloo-Ausstellung" vor zwei Jahren zu sehen war. Der französische Offiziersdegen ist mit einer Inschrift versehen, die niemand mehr zu entziffern vermag. Ebenfalls aus einem heimischen Haushalt stammt ein mit Griffkorb bestückter Säbel, inmitten dessen verschnörkelter Gravur der Adler Preußens sein Haupt erhebt. Eine Sammlung, die vergangenes Militärhandwerk veranschaulicht, Epochen, in denen kriegerische Auseinandersetzungen zum Alltag gehörten.

„Unser Museum hat einiges an Fahnen zu bieten", sagt Vorsitzender Daume am Ende des Rundganges. Viele Angebote zur Übernahme müsse er aber ablehnen. „Zu wenig Platz." Das friedliche Gegenstück zu dem 1813er Feldzeichen hängt im Obergeschoss. Auch darauf der nach links blickende Löwe Nassaus – dazu aber das Usinger Kleeblatt auf sanftem Grün. „Männer-Gesang-Verein" ist zu lesen, darunter, merkwürdigerweise, zwei Gründungsdaten. 1899 und 1902. Schnell ist das Rätsel gelöst: „Da haben sich zwei Vereine zusammengeschlossen und gemeinsam ihr Glück versucht."

Olaf Velte

Große Welt im Kleinen

Die Puppenstube der Prinzessin Elisabeth von Hessen-Homburg (Museum im Gotischen Haus, Bad Homburg)

Am Eingang des Hauses erheben sich zwei Säulen mit einem Dreiecksgiebel: Sie rahmen das hohe Portal, durch das der Besucher in das Innere der Residenz geführt wird. Man betritt den kunstvoll ausgestatteten „blauen Salon", geht über den reich verzierten Parkettboden und lässt sich auf einem der Biedermeiermöbel nieder. Dann öffnen sich zwei große Flügeltüren und weitere Familienmitglieder gesellen sich hinzu…: So oder ähnlich hätte eine der Geschichten beginnen können, die sich – von Kinderhand geführt – in den beiden prachtvollen Räumen „en miniature" abspielten. Die Rede ist von den zwei Sälen eines Puppenhauses aus landgräflichem Besitz, das im 19. Jahrhundert mit viel Liebe zum Detail eingerichtet worden war. Es zeigt anschaulich die Welt der Großen im kleinen Format und gibt dabei einen tiefen Einblick in die herrschaftliche Wohnkultur vergangener Zeiten. Geschaffen wurde eine Kulisse oder vielmehr Bühne für die vornehm gekleideten Püppchen, mit denen das Leben am Hofe nachgestellt oder nachgespielt wurde.

Was sich aber tatsächlich im Innern der Puppenstube ereignete, welche Szenen sich hier abspielten – das ist heute natürlich nicht mehr nachvollziehbar. Dafür weiß man aber, wem dieses Kinderspielzeug einst gehörte und wer damit gespielt hat. Entstanden ist das Puppenhaus in der Biedermeierzeit, genauer gesagt um das Jahr 1830. Es war das Spielzeug der 1823 geborenen Prinzessin Elisabeth Louise Friederike von Hessen-Homburg, die bis zur ihrem Tode 1864 im Homburger Schloss lebte. Sie war die Tochter des österreichischen Generals Gustav und späteren Landgrafen von Hessen-Homburg. Von ihm, seiner Frau Louise Friederike und seinen drei Kindern gibt es mehrere Bildnisse, gemalt von dem damaligen Hofmaler Johann Friedrich Voigt. Darunter auch zwei Gemälde, die Prinzessin Elisabeth in verschiedenen Lebensaltern darstellen. Das eine zeigt sie 1826 im Kreise der Landgrafenfamilie im Schlossgarten neben ihrer Schwester Caroline und ihrem Vater. Das andere gibt sie mit ihrer ehemaligen Erzieherin und damaligen Gesellschafterin Elise Küntzi im Kleinen Tannenwald wieder. Beide stehen neben der Gedächtnisurne im Kleinen Tannenwald und tragen den Trauerschleier, da in diesem Jahr 1848 der Landgraf Gustav und sein Sohn, Erbprinz Friedrich, gestorben waren.

Als Prinzessin Elisabeth ein junges Mädchen war, hat sie die kostbare Puppenstube geschenkt bekommen: ein äußerst kunstvoll gestaltetes Werk, das in idealer Weise ihre damalige Lebenswelt widerspiegelt. Vieles an diesen miniaturhaften Räumen erscheint in Anlehnung an die Wirklichkeit, an das Leben und Wohnen im Schloss,

Puppenstube der Prinzessin Elisabeth von Hessen-Homburg, um 1830

das hier sicherlich in vielen Rollenspielen nachgestellt oder eingeübt wurde.

Groß in Mode

Mit einem Puppenhaus oder einer Puppenstube zu spielen, war damals gerade erst groß in Mode gekommen. Auch wenn es schon Jahrhunderte zuvor prachtvolle Miniaturhäuser gegeben hatte, so dienten sie zunächst nicht als Kinderspielzeug. Vielmehr waren es reine Anschauungs- und Präsentationsobjekte für die Erwachsenen, aber auch Schau- und Lehrstücke zur Erziehung der Jugend. Erst später, in der zweiten Hälfte des 18. Jahrhunderts, entwickelten sie sich allmählich zu einem beliebten Kinderspielobjekt, mit dem sich die Mädchen auch spielerisch auf ihr späteres Leben, auf ihre künftigen Aufgaben und Pflichten vorbereiten konnten. Vor allem im frühen 19. Jahrhundert beginnt die große Zeit der Puppenhäuser und Puppenstuben ebenso wie die der Kaufläden. Sie fanden mehr und mehr Verbreitung und Eingang in die wohlhabenden Familien des Adels und des Bürgertums.

Unmittelbar neben der Puppenstube aus dem Schloss steht im Museum ein weiteres Exemplar aus der Mitte des 19. Jahrhunderts. Dabei handelt es sich um eine Puppenwohnung mit Wohn- und Schlafzimmer, die mit ihrer reichen Ausstattung veranschaulicht, wie man damals im Großbürgertum lebte und wohnte. Darüber hinaus findet sich in der Hutsammlung des Museums ein „Kaufladen" der besonderen Art: ein Hutsalon aus dem Jahr 1910 mit vielen originalen Hüten und echten Accessoires.

Alle diese Miniaturwelten sind reich mit stilgerechtem Inventar ausgestattet. Manches ist über die Jahre hinweg an Ort und Stelle geblieben, anderes wurde im Laufe der Zeit verändert, ergänzt oder sogar entfernt. Das gilt vor allem auch für die Puppenstube der Prinzessin Elisabeth, die zwar in ihrer Einrichtung weitgehend erhalten ist, dafür aber in der Architektur einen großen Wandel erfahren hat.

Kunstvolle Ausstattung

Heute blickt der Betrachter in zwei verschieden große Räume mit hohen Glasfenstern an der Rückwand. Sie werden gerahmt von hellen Stoffvorhängen, die an Gardinenstangen mit goldenen Rosetten hängen oder von diesen getragen werden. Je ein großer Spiegel, die die Räume optisch erweitern, ist in der Mitte angebracht. Der „blaue Salon" ist an seinen Wänden oberhalb der hölzernen Holztäfelung mit einer Farbtapete ausgestattet. Diese ist durch filigrane Ornamentstreifen in mehrere Felder unterteilt, die mit vegetabilem Dekor und zwei antiken Figurenszenen ausgeschmückt sind. Abgeschlossen wird die Tapete mit einer umlaufenden Bordüre, auf der im Wechsel Palmetten und Akanthusblätter dargestellt sind. Sie erscheinen in Grisaillemalerei und wirken mit ihrer Schattengebung geradezu plastisch wie ein Fries. Außergewöhnlich kunstvoll und besonders kostbar ist das Holzparkett mit seinem perspektivischen Kassettenmuster. In der Mitte befindet sich eine quadratische Einlegearbeit mit Kreisformen und pflanzlicher Dekoration, auf der noch Spuren einer roten Bemalung zu erkennen sind.

Durch zwei große Flügeltüren geht es weiter in den kleineren Salon mit seinen weiß gestrichenen Wänden, die oben und unten von einer Rosenbordüre geschmückt sind. Auch hier gibt es wieder einen aufwendig gearbeiteten Parkettboden. Er besteht diesmal aus Rautenmustern und besitzt in der Mitte vor der Seitenwand ein halbkreisförmiges Muster. Dieses zeigt mehrere darin eingeschriebene Ringhälften, Blattformen und einen halben Stern. Sowohl diese Einlegearbeit als auch das hier nicht mehr sichtbare zweite Fenster (mit nur einem Vorhangschal) weisen darauf hin, dass die Puppenstube an dieser Stelle zerteilt worden war: Man hatte sie in zwei Hälften getrennt und daraus zwei Spielzeuge für zwei Mädchen gemacht. Das bedeutet, dass die eigentliche Puppenstube viel größer war und einst aus drei Räumen bestand, und zwar aus zwei Wohn- oder Repräsentationsräumen und sehr wahrscheinlich einem Schlafzimmer.

Bis auf diese massive „Baumaßnahme" ist das erhaltene Gehäuse mit seiner Einrichtung noch weitgehend original ausgestattet. Ob auch die Puppen und das Mobiliar von Anfang an dazugehörten, ist zwar nicht belegt, aber durchaus möglich, da sie stilistisch in die Zeit passen. So schmücken die Möbel auch heute die beiden repräsentativen Räume: Zu sehen sind sechs Holzstühle mit grünem Stoffbezug, ein runder Tisch mit Kerzenständer, ein Sofa und eine Recamiere sowie ein Sekretär und eine Kommode. Außerdem hängen an der linken Seitenwand drei Porträtsilhouetten, die von der damals weit verbreiteten Kunst des Schattenrisses in Tusche oder als Scherenschnitt zeugen. Auch die Mitglieder der landgräflichen Familie ließen sich immer wieder in dieser Form porträtieren, wie beispielsweise die Landgräfin Caroline mit ihrem Sohn Prinz Philipp, deren Bildnisse daneben an der Museumswand hängen.

Es war – wie gesagt – die Welt der Großen, die in der Puppenstube im Kleinen nachgebildet wurde. Vom Eingangsportal bis zum Bilderschmuck wurde sie detailgenau eingerichtet, damit sich ihre Besitzerin auf das spätere Leben am Hofe einspielen konnte. Ausgestellt ist hier eine faszinierende Miniaturwelt für Jung und Alt, die auch heute noch viele Geschichten aus der Vergangenheit erzählen kann. *Christine Jung*

Literatur: Katalog Bad Homburg 2016, S. 132–134

Das Bild vom namenlosen Knaben

Porträt eines Jungen von Johann Friedrich Voigt (Museum im Gotischen Haus, Bad Homburg)

Vor dem Hintergrund einer rot leuchtenden Wand hängt im Gotischen Haus ein eindrucksvolles Gemälde: Es zeigt das Porträt eines Jungen, der mit seinem Blick den Betrachter unmittelbar in seinen Bann zieht. Aus dunkelbraunen Augen schaut er ihm frontal entgegen, scheinbar in Gedanken versunken und doch mit ernster Aufmerksamkeit, konzentriert auf sein Gegenüber. Wer der Maler war, der dieses meisterhafte Porträt geschaffen hat, das ist durch die Signatur bekannt. Wen es aber darstellt, wer der Porträtierte ist, das glaubte man lange Zeit zu wissen, doch jetzt gibt es im Gotischen Haus neue Erkenntnisse zu seiner Identität.

Zu sehen ist hier das Werk des bedeutendsten Homburger Malers und Zeichners im 19. Jahrhundert: Johann Friedrich Voigt ist der Name des Künstlers und Kunstpädagogen, der rund fünf Jahrzehnte lang in der Taunusstadt lebte und arbeitete. Geboren 1792 auf einer Antilleninsel war der Sohn von Missionaren viel in der Welt herumgekommen, bevor er schließlich in der Residenzstadt Homburg seine Heimat fand. Dort kam er in den Dienst der Landgrafen von Hessen-Homburg: Zunächst wurde er 1822 zum Hofzeichenmeister ernannt, später folgte dann im Jahr 1829 die Berufung zum Hofmaler. Besonders eng war hier die Zusammenarbeit mit der kunstsinnigen englischen Königstochter und Landgräfin Elizabeth, mit der er gemeinsam malte und zeichnete. Außerdem gab er in Homburg privaten Zeichenunterricht und wurde später Zeichenlehrer an der Bürgerschule. Darüber hinaus war Voigt, der sich auf vielen Reisen weiterbildete, immer wieder auch als freischaffender Künstler tätig.

Im Laufe seines langen Lebens hat er ein reiches Werk an Porträts, Stadtansichten und Landschaften geschaffen. Viele Gemälde, Zeichnungen und Druckgrafiken stammen aus seiner Hand, die das Leben und die Menschen, die Entwicklungen in der Stadt und der Umgebung im 19. Jahrhundert festhalten. Es sind typische Gemälde des Biedermeier, gemalt im Stil der Zeit, während sich in seinen Skizzen mitunter auch eine ganz andere, vielmehr freie Auffassung hin zu einer wild romantischen Richtung offenbart.

Johann Friedrich Voigt, Bildnis eines Jungen, 19. Jahrhundert, Öl auf Leinwand

Im Dienste des Hofes

Neben der Landschaftsschilderung nach der Natur spielte vor allem auch die in dieser Zeit „blühende“ Porträtmalerei eine große Rolle im Werk des Hofmalers. So schuf Voigt im Auftrag des Adels zahlreiche Bildnisse der Landgrafen und ihrer Familie: Darunter das bekannte Bildnis des Landgrafen Friedrich Joseph in Feldherrenpose als Kommandierenden der österreichischen Südarmee bei der Einnahme Lyons und die Darstellung der Landgräfin Elizabeth an ihrem Maltisch in der Bibliothek. Ebenso ließen sich auch viele Homburger Bürger und Amtsträger von ihm porträtieren, wie beispielsweise der Landrat Louis Des-Noyer oder Carl von Buseck vom Hofmarschallsamt. Zudem gibt es mehrere Selbstporträts des Künstlers und natürlich auch einige Familien- und Kinderbildnisse, die damals, in der Biedermeierzeit, zu den beliebtesten Bildmotiven gehörten.

Unter diesen Familienporträts nimmt das in den 1990er Jahren erworbene Jungenbild im Gotischen Haus eine besondere Stellung ein, denn es sollte sich – nach Mitteilung des Vorbesitzers – um ein Bildnis des Sohnes handeln. Das heißt, es galt lange Zeit als ein Porträt des 1838 geborenen Thomas Heinrich Voigt, der zunächst ebenfalls Maler werden wollte und dann später mit dem neuen Medium der Fotografie Karriere machte. Da der Knabe auf dem Bild ungefähr zehn Jahre alt ist, hat man es dementsprechend auf das Jahr 1848 datiert. Dass es sich aber nicht um den Sohn des Künstlers handeln kann, hat jetzt Dr. Peter Lingens vom Städtischen historischen Museum herausgefunden. Bei seinen Recherchen über das Werk von Johann Friedrich Voigt ist er auf Familienbilder gestoßen, die alle Voigt-Kinder mit hellblauen Augen zeigen. „Der Junge auf dem Bild aber hat dunkelbraune Augen“ so der Wissenschaftler, „und deshalb kann es definitiv nicht sein Sohn sein“. Wer aber hier zu sehen ist, wen der Künstler abgebildet haben könnte, das war nun die Frage, die sich der Kunsthistoriker stellte. Und er kam bei seinen Nachforschungen auf eine mögliche Antwort, die zu dem Vorgänger von Voigt, dem Maler Friedrich Deiker und seiner Familie führt. Dieser war bis 1821 am Hofe der Landgrafen als Hofmaler tätig gewesen und anschließend nach Wetzlar gezogen. Von ihm, dem damals „hoch verehrten“ Bildnismaler, haben sich einige Familienbilder erhalten, die seine Kinder in verschiedenen Lebensaltern darstellen. Wenn man nun diese Gemälde mit dem Porträt im Gotischen Haus vergleicht, zeigt sich eine unglaubliche Ähnlichkeit. Das gilt vor allem für das Bild seines ältesten Sohnes Friedrich d. J. von 1827, dargestellt im Alter von sieben Jahren, der nicht nur dieselben dunkelbraunen Augen, sondern auch eine vergleichbare Physiognomie besitzt. Wie Dr. Peter Lingens vermutet, handelt es sich bei dem von Voigt porträtierten Knaben möglicherweise um den Sohn von Deiker. Gemalt hat Voigt dieses herausragende Bildnis mit allen Mitteln seiner Kunst, mit größter handwerklicher Perfektion und Präzision. Vielleicht wollte er sich damit in die Tradition seines Vorgängers stellen, so eine Überlegung von Lingens, um zu zeigen, dass er ebenso gut wie dieser als Porträtmaler arbeiten könne.

Mit viel Einfühlungsvermögen schuf Johann Friedrich Voigt hier ein Bildnis des Jungen, das ihn nicht nur rein äußerlich abbildet, sondern darüber hinaus auch viel von seinem inneren Wesen mit erfasst. Vor neutralem grauem Bildgrund erblicken wir das Brustbild des Knaben mit braunem, gewelltem Haar, der hier wie ein Erwachsener gekleidet ist. Er trägt ein blaues Jackett mit grauem Kragen, eine Weste mit silbernen Knöpfen und darunter ein Hemd mit großem weißem Kragen. Sein Gesicht ist hell erleuchtet, die Wangen sind leicht gerötet, die Lippen verschlossen, in den glänzenden braunen Augen spiegelt sich das Licht. Alles an ihm wirkt ruhig und ernst. Er erscheint auf der einen Seite etwas distanziert und verhalten, gleichsam in sich gekehrt, ein wenig abwesend oder auch entrückt, wie in einer anderen Welt. Andererseits ist sein Blick aber auch konzentriert und aufmerksam, fast schon eindringlich auf den Betrachter gerichtet. Als wollte er mit seinem Gegenüber nicht nur Blicke austauschen, sondern viel mehr noch: als wollte er mit ihm Kontakt aufnehmen und in Verbindung bleiben.

Christine Jung

Literatur: Katalog Bad Homburg 2014, S. 66, 68 f.; Katalog Bad Homburg 2017

„Das Pferd frisst keinen Gurkensalat“

Die Erfindung des Telefons von Philipp Reis (Philipp-Reis-Haus, Friedrichsdorf)

Was verbindet das menschliche Ohr mit einer Stricknadel und zwei Batterien? Wieso haben sie alle einen Draht zueinander? Und welche Bedeutung hat die Geige in ihrer Mitte? Das, was hier auf den ersten Blick wie ein Kunstwerk der Moderne aussieht und an surreale Objekte erinnert, ist in Wirklichkeit eine revolutionäre Erfindung. Es ist der erste Fernsprecher der Welt, der im Philipp-Reis-Haus in Friedrichsdorf am Eingang der Ausstellung präsentiert wird. „Telefon“, so nannte der Erfinder sein Werk, das er vor mehr als 150 Jahren entwickelte, um Töne in die Ferne von einem Ort zum anderen zu übertragen. Philipp Reis ist der Name des genialen Erfinders aus Friedrichsdorf, der nach vielen Versuchen das erste funktionierende Fernsprechgerät entwickelte: eine der größten Erfindungen der Welt, die das Leben der Menschen verändert hat.

Schon immer hat der 1834 in Gelnhausen geborene Bäckersohn viel getüftelt und experimentiert, bereits in jungen Jahren hat er sich für die Naturwissenschaften interessiert. Vor allem die

Philipp Reis, Telefon-Experiment

Mechanik und Elektrotechnik waren seine große Leidenschaft. So manche Erfindung stammt von Reis, die erst später auf dem Markt kam und heute noch in Gebrauch ist. Wie beispielsweise seine Rollschlittschuhe, bei denen es sich um Schlittschuhe mit Rollen handelte. Außerdem entwickelte er einen Wassermesser und ein großes Dreirad, das Velociped, das mit der Kraft der Arme angetrieben wird. Fast alle seiner Erfindungen sind in Friedrichsdorf entstanden, wo Reis – nach dem frühen Tod der Eltern – schon seine Schulzeit am Garnier'schen Knabeninstitut verbracht hatte. Später, nach seiner Ausbildungszeit in Frankfurt und dem Militärdienst in Kassel, ist er als Lehrer der Naturwissenschaften und Sprachen dorthin zurückgekehrt.

Verheiratet war Reis mit der Tochter seines Vormunds Margarethe Schmidt, mit der er in das Haus in der Hugenottenstraße 93 gezogen war, das heute das Museum beherbergt. Hier, in seinen Werkräumen in der Scheune und in der Schule, widmete er sich in jeder freien Minute seinen Experimenten, hier befasste er sich intensiv mit seinen Erfindungen, vor allem mit der elektrischen Übertragung von Tönen über große Entfernungen. Und hier fand er schließlich auch nach vielen erfolglosen Versuchen eine Lösung.

Die zündende Idee

„Wie nimmt unser Ohr die Gesamtschwingungen aller zugleich tätigen Sprachorgane wahr?" Diese Frage hatte ihn lange beschäftigt. Als es nun eines Tages in der Schule um das Thema Gehör ging und er den Schülern die Gehörwerkzeuge erklären wollte, griff er eine frühere Arbeit auf und fertigte ein Modell an. Das war sozusagen die Geburtsstunde des Fernsprechers, denn dabei kam ihm die zündende Idee, wie Museumsleiterin Dr. Erika Dittrich berichtet: Er schnitzte ein menschliches Ohr aus Holz, setzte eine dünne Membran gleichsam als Trommelfell ein und befestigte daran einen Metallstreifen als Gehörknöchelchen. Dieses Ohr verband er über einen Kupferdraht und Batterien mit der Stricknadel, die an einer Geige angebracht war – und fertig war das Werk: Beim Hineinsprechen oder Hineintönen setzen die Schallwellen die Membran in Schwingungen und damit auch das Metall in Bewegung, sodass der Stromkreis geöffnet oder geschlossen wird. Vom Sender, dem Ohr, fließen die elektrischen Impulse zum Empfänger, der mit Kupferdraht umwickelten Stricknadel, die – verstärkt durch den Resonanzkörper der Geige –

Philipp Reis mit Telefon, 1861

Reis-Telefon in „Würfelform“

zu tönen beginnt. Und tatsächlich, das Instrument funktionierte.

Beim ersten Versuch vor Publikum in Friedrichsdorf gab der Erfinder, der sich mit dem Empfänger in der Scheune befand, die im Wohnhaus vom Schwager gesprochenen Worte wieder. Dabei wiederholte er zunächst Texte aus einem Buch. Auf den Vorwurf hin, dass er den Inhalt auch hätte auswendig lernen können, dachte sich der Sprecher einzelne Sätze ohne Sinn aus und sprach sie in die Ohrmuschel. „Das Pferd frisst keinen Gurkensalat“ ist einer der ersten Sätze, die 1860 über den Draht gesprochen und auf der anderen Seite der Leitung ankamen, wenn auch noch nicht vollkommen perfekt.

Ein Jahr später stellte Reis seine Erfindung der Öffentlichkeit vor. Man schrieb das Jahr 1861, als er das Telefon zum ersten Mal vor Fachpublikum dem Physikalischen Verein in Frankfurt präsentierte. Inzwischen hatte er seinen Fernsprechapparat weiterentwickelt: Wie man im Friedrichsdorfer Museum sehen kann, ersetzte er das Ohr durch einen Schalltrichter, während ein Holzkasten anstelle der Geige als Verstärker diente.

Weitere Vorführungen und Ausstellungen mit neuen Apparaturen folgten in den nächsten Jahren, wobei die Übertragung von Musik besser als die Übermittlung von Sprache funktionierte. Immer wieder verbesserte Reis seinen Telefon-Apparat, den er später in der sogenannten „Würfelform“ in kleiner Serie produzieren ließ. Mit einer Gebrauchsanweisung versehen, sandte er diesen als Demonstrationsobjekt an Interessenten in der ganzen Welt, um seine Erfindung bekannter zu machen, denn in Deutschland war die Zeit scheinbar noch nicht reif für sein Werk, dessen Wert man erst später erkannte. Auch gab es damals noch kein Patentrecht, das erst später eingeführt wurde. So blieben zu seinen Lebzeiten der verdiente Erfolg und die wissenschaftliche Anerkennung aus. Ein anderer sollte nur wenige Jahre nach Reis‘ frühem Tod als Erfinder des Telefons in die Geschichte eingehen.

Große Erfindung

Noch auf seinem Sterbebett soll Reis 1874 gesagt haben: „Ich habe der Welt eine große Erfindung geschenkt, anderen muss ich es überlassen, diese fortzuführen“. Zur selben Zeit wie Reis hatte auch der Erfinder Antonio Meucci in Amerika an einem Fernsprechgerät gearbeitet, den er allerdings – aus finanziellen Gründen – nicht endgültig zum Patent anmelden konnte. Bekanntlich war es dann der Taubstummenlehrer Alexander Graham Bell, der bald darauf als Erfinder des Telefons anerkannt

Die Anfänge der Telekommunikation: Blick in die Friedrichsdorfer Ausstellung

wurde. Bereits 1862 hatte er in Edinburgh einen Telefonapparat von Philipp Reis gesehen, er kannte die Forschungen des Deutschen, sie bildeten die Grundlage für seine Weiterentwicklung und Verbesserung des Telefons, das nun in beide Richtungen funktionierte. Denn Bell vereinte Sender und Empfänger, sodass man mit seinem Apparat fernmündliche Gespräche führen konnte. Zwei Jahre nach dem Tod von Reis meldete Bell 1876 sein Telefon unter dem Titel „Improvement in Telegraphie" an, das in der Folge eine große Verbreitung fand. Erst viel später, Anfang des 21. Jahrhunderts, wurde ihm die Erfindung von der amerikanischen Regierung wieder aberkannt.

Auch diesen Bell-Apparat aus der Frühzeit der Telekommunikation kann man im Friedrichsdorfer Museum näher betrachten. Ebenso wie eine Reihe weiterer Apparate, die anschaulich die Entwicklung des neuen Mediums aufzeigen: Zunächst telefonierte man vor allem im Stehen an Wandtelefonen, bald darauf gab es die ersten Tischtelefone. Anfangs wurden die Gespräche noch mit Hilfe des Fräuleins vom Amt vermittelt, bis man direkt mit der Wählscheibe wählen konnte. Auf die frühen Fernsprecher aus Holz folgten in der Weimarer Zeit die leichteren schwarzen Bakelit-Telefone. In den 1960er Jahren gelangte die „Graue Maus" in fast alle deutschen Haushalte, bis immer mehr Farbe ins Spiel kam. Schließlich wurde die Wählscheibe durch die Tasten ersetzt. Am Ende dieser Reise durch die Telefongeschichte führt die Friedrichsdorfer Ausstellung in die Gegenwart. Nach den ersten schnurlosen Apparaten beschließen die Handys die Schau, die heute allgegenwärtig sind und das Telefonieren über viele Grenzen hinweg ermöglichen. Was für eine Entwicklung von den ersten Telefon-Konstruktionen bis hin zum multifunktionalen Medium in handlicher Form, die hier im Philipp-Reis-Haus an vielen Beispielen veranschaulicht wird.

Christine Jung

Literatur: Dittrich 2009; Dittrich 2011

Ausflug im Taunus

Anton Burgers Gemälde „Mädchen im Maien" (Museum Kronberger Malerkolonie)

Es ist ein sonniger Tag im Mai des Jahres 1874: Eine junge Dame spaziert mit Sonnenschirm und Hut durch ein Waldstück. Sie geht ihren Weg unter schattigen Bäumen auf eine lichtdurchflutete Anhöhe zu, auf der weitere Spaziergänger vor hellblauem Himmel flanieren. Ganz in Weiß erscheint die junge Frau in ihrem langen Sommerkleid, nur über der Schulter trägt sie einen dunklen Umhang, während über ihrem Rock eine rote Schleife leuchtet, deren Bänder beim Gehen aufzuflattern scheinen. So ist sie hier von hinten in der Bewegung zu sehen: Eine weibliche Rückenfigur, die den Betrachter an ihrem Naturerlebnis, an dem Ausflug ins Grüne teilhaben lässt.

„Mädchen im Maien" lautet der Titel des Ölgemäldes, das im 19. Jahrhundert entstanden ist. Es stammt von dem Maler Anton Burger, der die Landschaft vor fast anderthalb Jahrhunderten gemalt hat. Sie zeigt mehrere Spaziergängerinnen in der freien Natur ohne Ausblick auf die nähere Umgebung. Sicherlich handelt es sich dabei um einen Ausflugsort im Taunus, der im Werk des Kronberger Malers eine besondere künstlerische Rolle spielte. Immer wieder widmete sich Burger in den Sechziger- und Siebzigerjahren dem Motiv des Taunusausflugs und fertigte mehrere Variationen des Themas an. Viele Spaziergänger hat er im Bild festgehalten, mehrere Sonntagsausflügler beim Wandern durch die Wälder oder bei der Rast auf einer Anhöhe dargestellt. Denn damals waren derartige Idyllen sehr begehrt beim städtischen Publikum, vor allem bei den Frankfurter Bürgern, für die der nahegelegene Taunus ein beliebtes Ausflugsziel war. Es gab eine große Nachfrage nach Burgers Taunusbildern, die den Aufenthalt auf dem Land veranschaulichen. Man wollte das „Bild", den Natureindruck mit in die Stadt nehmen – in diesen Zeiten der großstädtischen Veränderungen, der zunehmenden Industrialisierung, die immer mehr zu einer Sehnsucht nach der unberührten Natur, nach dem einfachen Leben auf dem Lande geführt hatte.

Auch der Künstler Anton Burger selbst stammte ursprünglich aus der Großstadt: Er wurde am 14. November 1824 als Sohn eines Weißbinders in der Frankfurter Altstadt geboren. Seine Studienzeit verbrachte er am Frankfurter Städelschen Kunstinstitut unter anderem als Schüler des Genre- und Landschaftsmalers Jakob Becker. Daran schloss sich ein Aufenthalt in München an, von dem er 1848 nach Frankfurt zurückkehrte und dort mit den ersten Auftragsarbeiten begann. Es folgten mehrere Studienreisen, die ihn nach Paris und über Düsseldorf nach Amsterdam und Antwerpen führten. Schon damals, in den Vierzigerjahren, zog es ihn und seine Künstlerfreunde immer wieder in den Taunus, insbesondere nach Kronberg, um hier – fern der akademischen Tradition – im Freien die Natur zu studieren. Die Landschaft und der Ort übten auf den Künst-

Anton Burger, Mädchen im Maien, Öl auf Leinwand, 1874

ler eine so große Faszination aus, dass er im Laufe der Zeit immer häufiger nach Kronberg kam. Ende der Fünfzigerjahre war es dann schließlich so weit und er ließ sich dauerhaft in dem kleinen Taunusdorf nieder, das er mit Ausnahme weniger Reisen bis zu seinem Tode am 6. Juli 1905 nicht mehr verließ.

Mit der Ankunft von Anton Burger in Kronberg 1858 beginnt die Geschichte der Kronberger Malerkolonie: Dort, in dem kleinen Taunusdorf, traf er auf seinen Malerfreund Jakob Fürchtegott Dielmann, hier begegnete er wenig später seinem Studienkollegen Philipp Rumpf. Gemeinsam begründeten sie nach dem Vorbild von Barbizon eine Künstlerkolonie, die sich zu einer der bedeutendsten in Deutschland entwickeln sollte.

Oberhaupt der Malerkolonie

Nach und nach kamen immer mehr Maler aus Frankfurt und anderen Städten in den kleinen idyllisch gelegenen Ort, um fernab von dem hektischen Treiben der Großstadt in ländlicher Umgebung zu leben und in der Natur zu arbeiten. Darunter finden sich so bekannte Maler wie beispielsweise Otto Scholderer, Peter Burnitz, Adolf Schreyer, Norbert Schrödl, Ferdinand Brütt, Nelson Kinsley, Philipp Franck und Fritz Wucherer, die sich zeitweise oder dauerhaft in Kronberg niederließen. Es war eine Gruppe von unterschiedlichsten Künstlerpersönlichkeiten, die sich hier in offener Gemeinschaft zusammenfand und künstlerisch austauschte. Fast ein halbes Jahrhundert lang war Anton Burger der unbestrittene Mittelpunkt der Kolonie. Er war ihr „Oberhaupt", wie es immer wieder heißt, oder auch der „König von Kronberg", wie ihn seine Schüler nannten. Als Maler wie auch als Lehrer mit einer eigenen Malschule übte er einen großen Einfluss auf seine Umgebung aus. Es war seine malerische Schilderung der Landschaft, seine idyllische Darstellung des einfachen Lebens auf dem Land, die auf viele prägend wirkte. Dabei malte er immer wieder das, was er unmittelbar vor Augen hatte, was er um sich herum wahrnahm. Außer Ansichten der Frankfurter Altstadt und der Rhein-Main-Ebene sind es Bilder der Taunuslandschaft und ihrer Dörfer, Städte oder Burgen. Es sind Szenen des alltäglichen Lebens auf dem Felde oder in den Straßen und Gassen, in Häusern, Höfen, Scheunen und Werkstätten, in Wirtsstuben oder Gartenwirtschaften. Ob es der pflügende Bauer oder der Handwerker an der Werkbank war, der gesellige Wirt oder der wandernde Jäger, die Familie bei Tisch oder beim Spaziergang: Immer tiefer dringt der Künstler in die „heile" Welt seiner Umgebung ein und schildert das scheinbar unbeschwerte Landleben, immer größer wird sein Repertoire an Genrebildern und unerschöpflich seine malerischen Blickwinkel. Vor allem, wenn es um seine Wahlheimat, um den Taunusort Kronberg und seine hoch aufragende Burg geht, findet er zahlreiche Varianten eines Themas. Man könne im Umkreis von zehn Minuten genug Motive finden, um ein großer Maler zu werden, soll er einmal gesagt haben (Wucherer 1973, S. 14). Und gerade in Kronberg seien auf Schritt und Tritt die schönsten Motive zu entdecken (Schrödl 1922, S. 343). So beobachtet er immer wieder aufmerksam seine Umwelt und schildert das Wahrgenommene in naturalistisch stimmungsvollen Bildern. Das heißt, er malt nach der Natur und fängt dabei die individuell wahrgenommene Stimmung mit ein, damit sie vom Betrachter nachempfunden werden konnte. Von dunkeltonigen Innenraumszenen bis hin zu lichten Landschaftsbildern reicht die Bandbreite von Burgers Kunst, der sich nie an wechselnden Kunstströmungen, an der „Tagesmode“ orientierte. Er blieb vielmehr seinem Stil treu, seiner ganz eigenen künstlerischen Sprache, die von der niederländischen Malerei des 17. Jahrhunderts geprägt und von der französischen Malerei der Schule von Barbizon angeregt worden war.

Vom Licht durchströmt

Vor allem in seinen Landschaftsidyllen, wie dem „Mädchen im Maien“, zeigt sich der Einfluss der französischen Freilichtmalerei, der „paysage intime“. Es ist ein intimes Naturbild, gemalt mit lockeren Pinselstrichen in lichtem, luftigem Kolorit. Alles ist hier vom Licht durchströmt, in Farbe getaucht. Durch die Bäume und ihr dichtes Laubwerk dringt das Sonnenlicht in das Waldinnere und lässt es in nuancenreichem Grün aufscheinen. Nur vereinzelt tauchen am Boden farbige Tupfer auf, die sich bei näherem Hinsehen als rote, blaue und weiße Blüten zu erkennen geben. Deutlich hervorgehoben erscheint die Spaziergängerin in Rückenansicht, eingebunden in die Natur, eng verbunden mit ihrer Umgebung. So spaziert sie im Zentrum des Bildes, ihr folgen die Blicke des Betrachters auf dem leicht ansteigenden gewundenen Pfad nach oben auf die Lichtung im strahlenden Sonnenschein, auf der die anderen Damen in Sommerrobe mit Kind und Hund bereits angekommen sind und dem Weg nach links folgen.

Wie ein Tunnel öffnet sich das Waldinnere und lässt tief in die lichterfüllte Ferne blicken. Durch diese Art der Komposition und Lichtführung wird der Betrachter miteinbezogen, mehr noch, er wird gleichsam ins Bild hineingezogen, in die idyllische Taunuslandschaft an einem sonnigen Maitag, in eine heitere unbeschwerte Welt, in der Mensch und Natur im harmonischen Einklang erscheinen. *Christine Jung*

Literatur: Frommator 2013, S. 128–136; Katalog Frankfurt 2004; Museumsgesellschaft Kronberg 1988; Schrödl 1922, S. 343; Wucherer 1973

Die „hohe Krone" der Braut

Ein Kopfschmuck aus dem 19. Jahrhundert (Museum im Gotischen Haus)

Golden funkeln die Sterne, glänzen die farbigen Kugeln neben glitzerndem Flittergold und bunten Blumen. Das, was hier auf den ersten Blick wie Weihnachtsschmuck aussieht und an Christbaumdekorationen erinnert, ist in Wahrheit ein Schmuck der ganz anderen Art: Es ist die Verzierung einer hohen Krone, die früher einmal von einer jungen Frau bei Feierlichkeiten und an Festtagen getragen wurde. Es ist eine Kopfbedeckung, über und über mit Metallplättchen, Goldfolien und Glaskugeln besetzt, mit der sich die Mädchen im 19. Jahrhundert zu besonderen Anlässen schmückten. Was aber hatte dieses Schmuckstück zu bedeuten? Warum oder von wem wurde es getragen? Und was stellte es im Einzelnen dar? Das sind einige der Fragen, die sich heute bei der Betrachtung eines weiblichen Kopfschmucks aus der Hutsammlung des Gotischen Hauses stellen.

Ob Braut- oder Hochzeitskrone, Hoher Kranz oder Schappel – es gibt viele verschiedene Bezeichnungen für jene kunstvollen Kopfbedeckungen der Volkstracht, die sich – mal mehr oder weniger hoch – auf den Köpfen junger Frauen auftürmten. Getragen wurden sie das ganze Jahr über bei festlichen Gelegenheiten ausschließlich von unverheirateten Frauen. Sie trugen die Krone so lange, bis sie heirateten, zuletzt als Braut am Tage ihrer Hochzeit, um sie dann für immer abzulegen und von Generation zu Generation weiterzugeben. So war es lange Zeit in vielen Regionen Deutschlands und weit darüber hinaus Brauch: Man trug die Brautkrone, bis man schließlich „unter die Haube kam".

In diesem Sinne war die Krone oder der Kranz ein Zeichen für die Reinheit, ein Symbol für die Unberührtheit ihrer Trägerin. Nur Jungfrauen durften sich mit ihr schmücken, allen anderen war es bei Strafe verboten.

Die Ausstattung einer Braut mit einer Krone oder – viel mehr noch – mit einem Kranz hat eine lange, weit zurückreichende Geschichte. Am Anfang gab es vor allem Kränze gewunden aus Zweigen, geschmückt mit Blüten und reifen Früchten, die sich die Jungfrauen und Bräute zumeist über langem, offenem Haar auf das Haupt setzten. Dann, im Laufe der Zeit, entwickelten sich die Kronen mancherorts zu kunstvollen Gebilden aus verschiedenen Materialien. Immer größer und aufwendiger wurde die Dekoration im Laufe der Zeit. Je nach Region, gesellschaftlicher Stellung und Wohlstand gibt es verschiedene Arten und Ausprägungen. Vor allem im Schwarzwald erreichten die hier als „Schäppel" bezeichneten Kronen gewaltige Ausmaße und waren von besonders opulenter Pracht. Aber auch in vielen anderen Gegenden spielt die Hochzeitskrone in der Volkstracht eine große Rolle. So auch in Hessen, in der farbenprächtigen Schwälmer Trachtenlandschaft. Und dies nicht nur als

Fränkische Brautkrone „Hoher Kranz", 19. Jahrhundert

Schwälmer Bräutigamshut „Lust", 19. Jahrhundert

Hochzeitsschmuck für die Frau, als „Schappel". Auch der Bräutigam trug einen besonders reich geschmückten Hut. Ein Beispiel dafür ist im Gotischen Haus zu sehen: Von der Seite kann man den grauen Hut erkennen, der an der Vorderseite mit der so genannten „Lust" dekoriert ist. Diese zeigt einen bunten Strauß von Glaskugeln umgeben von Rosmarinzweigen, dem Hochzeitskraut, das seit alters her als ein Sinnbild für ewige Liebe und Treue gilt. Darüber hinaus finden sich in der Mitte zwei Figürchen, die das Hochzeitspaar darstellen.

Vollkommen anders erscheint daneben in der Vitrine die Gestaltung der Brautkrone, die eine ganz eigene Dekoration aufweist. Und doch haben beide Kronen etwas Gemeinsames, denn sie sind beide reich mit verschiedenfarbigen Glaskugeln dekoriert. Während die Kugeln auf dem Bräutigamshut in klassischem Rot und Gold leuchten, glänzen sie bei der Braut – außer in Gold – auch in den Farben Blau, Grün und Silber. Und auch die Größen sowie die Formen variieren von der Kugel- bis hin zur Tropfenform.

Wie aber waren diese „weihnachtlichen" Kugeln auf eine Hochzeitskrone gekommen? Gibt es einen Zusammenhang zwischen dem Baum- und Kopfschmuck, der hier wie dort in vielen Edelstein- und Edelmetallfarben leuchtet?

Früher war der Weihnachtsbaum nicht nur mit Nüssen und Süßigkeiten, sondern auch mit Früchten, vor allem mit Äpfeln geschmückt, die später auch versilbert oder vergoldet wurden. Dabei symbolisierten sie die Früchte vom Baum der Erkenntnis und erinnern somit an das Geschehen im Paradies. Diese am Weihnachtsbaum aufgehängten Äpfel gelten als Vorläufer für die gläsernen Kugeln, die seit Mitte des 19. Jahrhunderts in zunehmenden Maßen die grünen Zweige schmückten. Es waren die Glasbläser aus dem Thüringer Wald, die den gläsernen Christbaumschmuck erstmals hergestellt haben. Hier, in Lauscha, beginnt jedenfalls seit der Mitte des Jahrhunderts der Siegeszug der Kugeln und anderer Figuren aus Glas als festlich glänzender

Baumbehang. Ausgegangen war man dabei von der bereits bestehenden Produktion der Hohlglasperlen, die vor allem im Schmuck zum Einsatz kamen und darüber hinaus auch für die Fertigung von Trachten, vor allem auch von Brautkronen verwendet wurden. Und so kam es dann dazu, dass auch die „Schappel“ nicht mehr nur noch mit kleinen Glasperlen, sondern auch mit den neu „erfundenen“ Kugeln dekoriert wurden, die damals als Weihnachtbaumdekoration einen großen Boom erlebten.

Das gilt auch für die hier vorgestellten Exemplare aus dem 19. Jahrhundert, die mit ihrem reichen Kugelschmuck in der zweiten Jahrhunderthälfte entstanden sind. Vor allem die Brautkrone besitzt – außer den weihnachtlich anmutenden Kugeln – weitere Schmuckelemente, die ebenso an einem Weihnachtsbaum hätten hängen können. Da findet sich beispielsweise Flittergold oder auch Lametta in Hülle und Fülle, es gibt farbige Blumen und Blätter, gefertigt aus Stoff, und Metallplättchen aus geprägter Goldfolie in vielen Formen und Figuren. Zu sehen sind unter anderem Sterne und Scheiben, aber auch Trauben, Eicheln oder Eichelblätter und sogar ein Lebensschiff auf schaukelnden Wellen. All diese glanzvollen Elemente spiegeln nicht nur eine besondere Wertigkeit der Materialien. Sie sind darüber hinaus auch Träger von tieferen Bedeutungen, sie zeugen von dem Wunsch nach Wohlstand und Glück, nach ewiger Liebe und einem langen Leben – und besitzen dabei gleichzeitig eine apotropäische Wirkung: Wie ein Amulett sollen sie alles Unheil abwenden und das Böse abwehren.

Reich an Symbolik ist diese Brautkrone aus dem 19. Jahrhundert, die über breitem Ring einen hohen Aufbau aus feinen Drähten besitzt, an denen die einzelnen Schmuckelemente baumeln. Wenn sich die Braut nun mit einem derartigen Flitterwerk auf ihrem Haupt in Bewegung setzte, dann fing der Schmuck nicht nur an zu glitzern und zu funkeln, er begann darüber hinaus auch zu vibrieren, zu klirren oder auch zu klingeln. Präsentiert wird hier in der Hutsammlung ein äußerst kostbares Schmuckstück, das auf eine lange Tradition und einen tieferen Sinngehalt verweist: Es ist eine kunstvoll gearbeitete Krone für besondere festliche Anlässe, die bei näherer Betrachtung einiges über sich und ihre Trägerinnen erzählen kann. *Christine Jung*

Sehnsucht nach der Idylle

Die „Schafherde bei Oberursel" von Hans Thoma (Vortaunusmuseum, Oberursel)

Weithin breitet sich die Taunuslandschaft vor den Augen des Betrachters aus: Der Blick geht über Wiesen, Wälder und Felder bis hin zur nahe gelegenen Stadt, um sich dahinter in der Ferne, in der Ebene zu verlieren. Wer den Hans-Thoma-Raum im Vortaunusmuseum betritt, sieht sich dieser Landschaftsidylle gegenüber. Es ist das Gemälde „Schafherde bei Oberursel", geschaffen 1896 von Hans Thoma, das den Besucher an den Taunusrand führt und dabei weit blicken lässt: Vom schattigen Standort eines Hirten und seiner grasenden Herde schaut er ins sonnige Grün über den Maasgrund hinweg bis hin nach Oberursel und weit darüber hinaus.

Zu der Zeit, als Thoma dieses Bild in Oberursel malte, war er bereits ein angesehener Künstler in Deutschland. Das war allerdings nicht immer so. Denn die Kunst des 1839 im Schwarzwald geborenen Müllersohns, der aus einfachen Verhältnissen stammt, war lange Zeit kaum anerkannt. Seine „Heimatmalerei", die sich deutlich von der damals herrschenden akademischen Malerei unterschied, wurde abgelehnt, belächelt, mitunter sogar verspottet. Und doch: Trotz aller Angriffe und Kritiken ließ er sich nicht beirren und blieb seinem Stil treu. Immer wieder schildert Thoma das einfache Leben auf dem Lande, zeigt Szenen aus dem bäuerlichen Alltag, beschreibt die ihn umgebende Natur, porträtiert die Menschen in seiner Nähe oder sich selbst. „Ein geborener Realist, wollte ich nichts anderes malen, als was ich selber gesehen, ja selber erlebt hatte", so Thoma, „und wo ich hinschaute, sah ich auch Schönes genug: Menschen, Tiere, Landschaften, in harmonischem Licht vereinigt" (Krämer 2013, S. 16).

Studiert hatte Thoma an der Kunstschule in Karlsruhe und war nach einem Aufenthalt in Düsseldorf nach München gezogen, bevor er schließlich 1877 – frisch verheiratet mit der Blumenmalerin Cella Berteneder – nach Frankfurt kam. Mehr als zwei Jahrzehnte lebte er mit seiner Familie in der Mainmetropole und schuf dort ein reiches vielseitiges Werk. Waren es anfangs vor allem Landschaften und Bildnisse, so kamen nun vermehrt auch Allegorien, Mythologien und religiöse Darstellungen hinzu, die seitdem einen Großteil seines Werkes ausmachten. Neben der Malerei in Öl widmete er sich auch vielen anderen Künsten und experimentierte mit deren Techniken, insbesondere mit verschiedenen Verfahren der Druckgrafik. Entstanden sind zahlreiche Radierungen, aber auch Algrafien, Tachografien und Lithografien ebenso wie Zeichnungen und Aquarelle, Keramiken oder Tapisserien und vieles mehr.

Während seiner Frankfurter Zeit zog es den naturliebenden Künstler immer wieder nach draußen aufs Land, vor allem in den nahen Tau-

Hans Thoma, „Schafherde bei Oberursel", 1896, Öl auf Malerkarton

nus. Zwischen 1894 bis 1898 verbrachte er die Sommermonate in Oberursel, später ließ er sich in Kronberg nieder. Zahlreiche Taunusbilder sind in jenen Jahren entstanden, darunter der „Blick in ein Taunustal", eine „Landschaft bei Oberursel", die "Edelkastanien bei Neuenhain" oder ein „Blick auf Kronberg". Diese und viele andere Landschaften malte er hier vor Ort nach der Natur, mal mehr aus der Nähe betrachtet oder mit Blick in die Ferne.

„Lieblingsmaler des deutschen Volkes"

Inzwischen war die Kunst von Hans Thoma immer beliebter und populärer geworden. Seinen künstlerischen Durchbruch hatte er – wenn auch spät – mit einer Ausstellung im Münchner Kunstverein 1890 erlebt. Seitdem gab es eine große Nachfrage nach den Werken des Malers, der jetzt zu den bekanntesten Künstlern im Lande gehörte. 1899 folgte schließlich die Berufung zum Professor der Kunstschule und zum Direktor der Gemäldegalerie in Karlsruhe, wo er bis zu seinem Tod 1924 lebte und arbeitete. In dieser Zeit war er der „Lieblingsmaler des deutschen Volkes", wie ihn Meyers Großes Konservations-Lexikon von 1909 benennt. Jeder kannte und liebte seine Bilder, die durch Vervielfältigung eine weite Verbreitung fanden. Der einst verkannte Künstler war nun zu einem gefeierten Star in der Kunstszene geworden. Denn seine Bilder, die einst wegen der Schlichtheit der Motive und der einfachen Darstellung kritisiert wurden, trafen nun den Geschmack der Zeit. Es war die heile Welt, das Familienglück, die ländliche Idylle, nach der man sich in diesen Zeiten sehnte und die Thoma so anschaulich schilderte. Er sei ein „herrlicher Kündiger einer besseren Welt", schrieb der ehemalige Städel-Direktor Henry Thode (Krämer 2013, S. 21) – ein wichtiger Förderer und enger Freund Thomas, der damals mit seinen enthusiastischen Schriften viel zu dessen Verehrung als „Volkskünstler" in deutsch-nationalen Kreisen beitrug. Auch von den Nationalsozialisten wurde Thoma später, also lange Zeit nach seinem Tod, in diesem Sinne vereinnahmt und als „urdeutscher" Künstler verherrlicht.

Viele Höhen und Tiefen gab es im Leben und Werk von Hans Thoma, für den – nach seinen eigenen Worten – die Frankfurter Jahre die glücklichsten seines Lebens waren. Vor allem der Taunus hatte es ihm angetan, sodass er sich immer wieder gerne im Sommer in Oberursel aufhielt – und dabei viele Spuren hinterließ. Heute gibt es in der Taunusstadt nicht nur eine Hans-Thoma-Straße und eine Hans-Thoma-Schule, sondern auch eine Gedächtnisstätte, die seinen Namen trägt. Sie befindet sich im Vortaunusmuseum, wo in einer Kabinettausstellung einige seiner charakteristischen Gemälde und Grafiken gezeigt werden, ebenso wie einzelne von ihm gestaltete Möbelstücke sowie seinen Schreibtisch, die Palette, ein Skizzenbuch, eine Kinderfibel und zahlreiche Fotos. Dass es diese Stätte der Erinnerung und ihre Sammlung gibt, ist einer Stiftung zu verdanken. „In den Fünfzigerjahren hat die mit Thoma befreundete Sofie Bergman-Küchler Teile aus dem Nachlass der Stadt Oberursel gestiftet", berichtet die Museumsleiterin Renate Messer. Zunächst war die Thoma-Ausstellung im Historischen Rathaus zu sehen. Dann aber, als das Vortaunusmuseum gegründet und 1987 eröffnet wurde, hat die Stätte hier im Museum ihren festen Platz gefunden. Zu den Highlights der Sammlung gehören so bekannte Werke wie die „Flora“, der „Abendfrieden“ oder der „Mondscheingeiger“. Und dazu gehört auch das Ölbild „Schafherde bei Oberursel“, das 1996 von der Stadt Oberursel erworben wurde.

Im Schatten des Hundes

Wie aus einer zeitgenössischen Quelle überliefert ist, hat der Künstler zuerst die Landschaft gemalt und dann – ein Jahr später – die Bäume und Schafe hinzugefügt. Wir sehen im Vordergrund den Hirten mit seiner Herde und erblicken dahinter vor einem Wäldchen zwei Wanderer, die ihrer Wege ziehen in Richtung der hinten aufragenden Taunusstadt mit dem Kirchturm von St. Ursula, die sich vor dem Hintergrund einer weiten Ebene erhebt.

Eine besondere Stimmung liegt auf dem Bild: Alles strahlt Ruhe und Frieden aus. Einige Wolken ziehen über das Land, das vom Licht der Abendsonne erleuchtet ist. Nur der Schäfer steht mit seinen Schafen auf einer Anhöhe im Schatten. Dabei scheint er ganz versunken, vertieft in sein Dasein, während der neben ihm sitzende Hund aufmerksam in eine andere Richtung, scheinbar auf ein Gegenüber schaut. So taucht dann auch am unteren Bildrand eine schemenhafte Gestalt auf, die sich bei näherem Hinsehen als ein weiterer großer Hund in Rückenansicht zu erkennen gibt. Erst bei der Restaurierung des Bildes im Jahr 1996 war das Tier zum Vorschein gekommen, das ein Jahrhundert lang unter der Malschicht verborgen lag. Der Künstler hatte es selbst übermalt, sodass es nach Fertigstellung des Bildes nicht mehr sichtbar war. Warum Thoma diesen zweiten Hund wieder verworfen hat, wissen wir nicht. Möglicherweise wollte er die Sicht freigeben und das Bild öffnen, er wollte den Blick des Betrachters konzentrieren oder vielmehr lenken auf die vor ihm liegende landschaftliche Idylle, auf das einfache Leben im Einklang mit der Natur.

Christine Jung

Literatur: Krämer 2013; Müller 2001; Museumsgesellschaft Kronberg 1983; Scherzer 2001

Zwei Bilder, zwei Augen – ein Eindruck

Die Stereoskop-Fotografien von Julius Neubronner (Museum Stadtgeschichte Kronberg)

Eine Kronberg-Ansicht von Südwesten, ein Hausabriss in der Altstadt, der Kaiser bei einer Denkmalseinweihung und ein Kronberger Maler in seinem Atelier: Diese und viele andere historische Aufnahmen aus der Taunusstadt können im Stadtmuseum „räumlich" gesehen, also dreidimensional wahrgenommen werden. Sie stammen aus dem späten 19. bis frühen 20. Jahrhundert von einem Kronberger Lichtbildkünstler, der sich damals – voller Begeisterung für die neuen Medien – auch der Stereofotografie widmete: Hofapotheker Julius Neubronner, 1852 in Kronberg geboren und dort mit achtzig Jahren gestorben, war ein leidenschaftlicher, experimentierfreudiger Fotograf, der im Laufe der Zeit mit vielen modernen Techniken arbeitete und auch neue Methoden entwickelte. Mehr noch: Er war ein Pionier der deutschen Amateurfotografie, der mit seinen Erfindungen auch weit über die Region hinaus Fotogeschichte geschrieben hat.

Liebe zur Fotokunst

Bereits seit frühester Jugend interessierte sich der Sohn des Apothekers Wilhelm Neubronner für das Fotografieren: „Seitdem ich der Photographie in die Augen geschaut, erwachte in mir eine leidenschaftliche Liebe zur Lichtbildkunst", schrieb er rückblickend in seinen Erinnerungen und vermerkte: „Mein ganzes Sinnen und Trachten galt der Photographie. Schon das Wort bewegte mich" (Neubronner 1920, S. 6). So baute oder kaufte er mehrere Apparate und stellte viele Versuche an, die schließlich zum Erfolg führten. Danach ließ ihn die Fotokunst und ihre Technik nicht mehr los, mit der er sich zeit seines Lebens intensiv beschäftigte. Darüber hinaus widmete er sich – als einer der ersten Amateurfilmer in der Region – den bewegten Bildern und drehte mehrere Kurzfilme. Viele große und kleine Ereignisse oder Alltagsszenen wurden von ihm im Bild festgehalten, ebenso wie verschiedene Ansichten seiner Vaterstadt und ihrer Umgebung. Und dies immer wieder aus verschiedenen Perspektiven heraus. International bekannt wurde Julius Neubronner vor allem mit seiner Erfindung der Brieftaubenfotografie, die an die Brieftaubenrezeptpost seines Vaters anknüpfte. Anfang des 20. Jahrhunderts war er auf die Idee gekommen, Tauben mit selbstauslösenden Kameras auszustatten, sodass sie Aufnahmen von oben aus der Vogelschau machen konnten.

Weniger in der Öffentlichkeit bekannt als die Brieftaubenfotografien sind seine stereoskopi-

Julius Neubronner, Kronberg von Südwesten, Glasstereoskopbild

Glasstereoskopbilder mit Betrachtergerät

schen Aufnahmen. Von dem Augenblick an, als er auf einem Jahrmarkt die französischen Glasbilder von Ferrier entdeckte, wollte er unbedingt etwas Ähnliches schaffen. Nachdem er sich eine entsprechende Kamera besorgt hatte, schuf er mehrere Hunderte von Glasbildpaaren, die in einem speziellen Betrachtergerät dreidimensional „gesehen" werden konnten.

Damals wie heute übte der 3D-Effekt eine große Faszination auf das Publikum aus. Es war die Illusion von Wirklichkeit, die Wiedergabe von Räumlichkeit im Bild, die den Betrachter begeisterte und stark beeindruckte. Noch vor der Mitte des 19. Jahrhunderts war die Stereofotografie erfunden worden, die in den folgenden Jahrzehnten einen großen Aufschwung erlebte. Sie beruhte auf der Erkenntnis, dass der Mensch die Welt durch seine Augen aus zwei voneinander abweichenden Blickwinkeln sieht, die im Gehirn zu einem räumlichen Gesamtbild vereint werden. So entwickelte man eine Kamera mit Doppelobjektiv, die zwei im „normalen" Augenabstand leicht versetzte Bilder aufnehmen konnte. Diese erzeugten dann bei ihrer Betrachtung durch die zwei Linsen eines Stereoskops einen tiefenräumlichen Eindruck.

Auch Julius Neubronner befasste sich intensiv mit der Herstellung hochwertiger Glasstereoskopbilder und ihrer Präsentation. Mehr als zwei Jahrzehnte lang hat er Raumbilder aus Kronberg und der Umgebung angefertigt, die nach seinen Worten viel Beifall fanden und eine bleibende Erinnerung für den Familienkreis und eine Chronik für seinen Heimatort und dessen Umgebung darstellen sollten. Verwandte, Freunde und Besucher wurden im Hause der Familie Neubronner vor die Betrachtungsgeräte gesetzt. Sogar die Kaiserin Friedrich, die bei einer Ausstellung die Sammlung kennenlernte, ließ sich oftmals einen Betrachtungsapparat in ihrer Bibliothek in Schloss Friedrichshof aufstellen. Da diese Bilderpräsentationen aber auf einen Betrachter pro Gerät beschränkt bleiben mussten, begann Neubronner die Aufnahmen auf die Leinwand zu projizieren, um sie einem größeren Publikum vorführen zu können.

Aus der Kaiserzeit

Welche Bilder damals aufgenommen und präsentiert wurden – davon kann sich der Besucher heute im Kronberger Museum ein plastisches Bild machen. In zwei Betrachtergeräten sind originale Glasdiapaare zu betrachten, die verschiedene Szenen und Ereignisse aus der Kaiserzeit plastisch vor Augen führen. Da sieht man einen Postwagen durch die Königsteiner Straße fahren oder mehrere Kinder auf einem Schulhof spielen. Da kann man einen Seiltänzer betrachten, der auf einem Seil hoch über der Schirn balanciert. Und man kann die Trauergäste auf ihrem Weg zur Trauerfeier für die Kaiserin Friedrich in der Johanniskirche sehen. Immer wieder richtete der Hofapotheker, der seit 1891 in der Streitkirche lebte, seinen Blick auf seine Vaterstadt und zeigte sie mit ihrer

Umgebung von allen Seiten aus der Ferne und Nähe. Neben Gesamtansichten gibt es viele idyllische Einblicke in das Innere der Stadt. Gezeigt werden nicht nur die großen Straßen oder Bauten, sondern vielmehr noch die kleinen verwinkelten Gassen und Bauernhöfe. Ein bevorzugtes Thema sind Hausabrisse, die von großen Entwicklungen und Veränderungen seiner Zeit zeugen. Aber nicht nur die Stadtansichten oder Tauruslandschaften, auch die Menschen seiner Stadt werden von Neubronner porträtiert, sie werden in charakteristischen Situationen und typischem Ambiente wiedergegeben. Zu diesen Porträts gehört eine Reihe von Atelierbildern, die mehrere Künstler der Kronberger Malerkolonie mit der Palette in der Hand vor ihrer Staffelei zeigen. Julius Neubronner war ein Freund und Förderer der Malerkolonie, er war mit vielen Künstlern persönlich bekannt und mit einigen freundschaftlich verbunden, wie aus seiner Schrift „Ein halbes Jahrhundert Cronberger Malerkolonie" hervorgeht. Darin berichtet er von seinen Erlebnissen und Begegnungen mit den Malern, die sich seit der Jahrhundertmitte in Kronberg niederließen und eine Malerkolonie gründeten. Sie kamen in die kleine Taunusstadt, um hier fernab von dem Großstadttreiben in der freien Natur zu malen. Zahlreiche Bilder wurden von ihnen geschaffen, die den heimatverbundenen Kronberger und passionierten Fotografen sicherlich inspirierten.

Auch er wollte die Schönheiten des Taunus und Kronbergs aufnehmen, wie er anfangs betonte, und hielt sie in vielen malerisch wirkenden Ansichten fest. Damit hat er wertvolle Zeitdokumente von historischem und künstlerischem Wert geschaffen. So richtet er seinen Fokus nicht nur

Der Erfinder der Brieftaubenfotografie Julius Neubronner (rechts) neben seinem Vater Wilhelm Neubronner (links)

auf die Entwicklungen in der Gegenwart, sondern lenkt ihn auch auf das alte Kronberg vergangener Jahre, auf das einfache Leben in der Stadt und in der freien Natur, das einst die Maler angezogen hatte. „Kronberg war vor 50 Jahren trotz seiner Stadtrechte ein Dorf, jetzt ist es ein sauberes Städtchen geworden. Sein Aufblühen steht mit der Malerkolonie in engstem Zusammenhang", schreibt er 1912 in seinem Bericht über die Künstler und beschließt seine Ausführungen mit dem Wunsch, „dass in Kronberg die landschaftlichen und wirtschaftlichen Verhältnisse stets so sein mögen, dass Maler oft und gern hier weilen". (Neubronner 1982, S. 360). *Christine Jung*

Literatur: Neubronner 1920; Neubronner 1982

Auf handgeklopften Sohlen

Die Wanderschuhe von Richard Schirrmann (Richard-Schirrmann-Museum, Grävenwiesbach)

Der Weg zu diesem Schatz – tatsächlich ein Weltkulturstück ersten Ranges – führt ins nordöstliche Hochtaunusgebiet, tief hinein ins Land, fernab jeder Metropolenaufgeregtheit. Durch winterliche Waldungen geht die Reise, satt gefeuchtete Felderschläge ziehen vorbei, unter tief hängenden Wolken grüßen die Kämme des Mittelgebirges. Im Mönchweg zu Grävenwiesbach wollen sechs Sandsteinstufen erklommen und eine hölzerne Tür durchschritten sein, bevor sich nach freundlicher Begrüßung eine beispiellose Welt auftut: Hier, wo Jugendherbergswerk-Gründer Richard Schirrmann das letzte Vierteljahrhundert seiner Existenz gelebt hat, ist der Geist jener auf Gemeinschaft, Verständigung und Toleranz gründenden Idee anwesend geblieben, innerhalb eines privaten Museums aufs Verlässlichste geborgen.

Im Originalzustand hat sich das ehemalige Bürozimmer des 1874 nahe des Frischen Haffs geborenen Mannes erhalten, von kundiger Hand angereichert mit Dokumenten, Memorabilien, Informationen. Kaum kann das Auge den Reichtum aufnehmen: Bücher, Landkarten, Fotografien, die Schreibmaschine, eine Büste, Federhalter, Stempel und abgenutzte Radiergummis, vier Worpsweder Stühle, das schmale „Junggesellenbett“. Und als stilles Monument am Schreibtischeck jenes Paar Schuhe, wegen dem wir hier sind.

Kein Lack und Glanz, weder Parkett noch Laufsteg. Einfache Schnürschuhe, schwarz, unspektakulär. Ein Gebrauchsgegenstand, auf den das im „Kunstwerk“-Essay verwendete Wort des Philosophen Heidegger gemünzt sein könnte: „In dem Schuhzeug schwingt der verschwiegene Zuruf der Erde.“

Für Gudrun Schirrmann, jüngste Tochter des Herbergswerk-Wegbereiters und Hüterin des väterlichen Vermächtnisses, ist eine andere Zuordnung weitaus bedeutsamer. „Die Schuhe symbolisieren den weltumspannenden Gedanken, stehen für die Werte Frieden und Freundschaft.“ Als Ehrenvorsitzende des DJH-Landesverbandes und unermüdlich im Dienste der Sache Reisende trägt Gudrun Schirrmann die Fackel weiter. Dass es dabei um mehr als bloße Beherbergungsstrategien und Wirtschaftlichkeitsaspekte geht, ist offensichtlich.

„Wanderschuhe plaudern“

Immer waren die „Trittchen, Latschen, Klotschen“ mit dabei, wenn um das Fortkommen von Jugendbildung und Herbergswesen gerungen wurde. Fast sechs Jahrzehnte hat Richard Schirrmann – Schuhgröße 42 – auf ihren handgeklopften, aus einem Stück bestehenden Kernledersohlen durchschritten, von frühen Volksschullehrertagen im Sauerland bis zu späten

Wanderstiefel von Richard Schirrmann, 1903

Der Schreibtisch von Richard Schirrmann in seinem ehemaligen Arbeitszimmer in Grävenwiesbach

Ertüchtigungsgängen durch die „schöne Wandergegend des Taunus". Was ihm die aus bestens gegerbtem Kalbsleder geformten und von zwiegenähtem Pechdraht zusammengehaltenen Fußkleider waren, hat Schirrmann der Nachwelt in einer kleinen Broschüre übermittelt. „Meine Wanderschuhe plaudern" ist dafür eine schlichte, aber folgerichtige Überschrift.

Die mit Lederbändern statt Schnürsenkeln und einer als Regenschutz beidseits angenähten Lasche bestückten Schuhe wurden „nach klarer Anweisung" im Sommer 1903 von Schuhmachermeister Christian Schulze in Altena gefertigt. Der „richtige Meister seines Handwerks" hat die Schäfte zwecks Schonung der Wadenmuskeln niedrig und die Absätze in flacher Breite gehalten. 25 Goldmark waren ein angemessener Preis für ein „Meisterstück", mit dem der Besitzer – angeblich – nach tagelangem Marsch des Abends sogar noch einen Walzer schwingen konnte. „Später hat Schulze dem Vater noch ein baugleiches Paar zum Skifahren gebaut", sagt Gudrun Schirrmann. „Ebenfalls auf Maß."

Nach ihrer Auskunft soll der Gründer seine „Wanderkameraden" auch während eines Empfangs bei Queen Elizabeth in London dabei gehabt haben. Sie seien zudem schon in Japan und im Rahmen einer Expo-Präsentation ausgestellt gewesen.

In gutem Zustand

Im Hause Schirrmann ist Bodenständigkeit eine feste Konstante. Wie der Lederwanderschuh ordentlich und ausreichend zu pflegen ist, bleibt kein Familiengeheimnis. Vor dem ersten Gebrauch taglich, eine Woche lang, mit Rizinusöl „salben“, bei trockenem Wetter leichter Schuhputz, bei Regen wieder Rizinusöl. „Wir Kinder“, so erzählt die Tochter, „haben die verdreckten Schuhe in der Badewanne mit der Wurzelbürste geschrubbt – danach zum Trocknen mit Zeitungspapier ausgestopft.“ Als letzter Akt sei Vaseline-Salbe mit den Handballen einmassiert worden.

Richard Schirrmann, Gründer des Deutschen und Internationalen Jugendherbergswerkes, Postkarte

Wer das 114 Jahre alte Paar heute zur Hand nimmt und die auf der Unterseite platzierten Nägel und Krampen zählt, ist erfreut über den guten Zustand des „Alltagszeugs“. Zerschlissenheit ist hier ein Ehrenschild – und bekräftigt eine Weisheit, die aus Fernost stammt und von Gudrun Schirrmann ausgesprochen wird: „Wenn ein Gebrauchsgegenstand – so sagen die Japaner – seit hundert Jahren besteht, hat er eine eigene Seele.“

Für Richard Schirrmann waren die Erlebnisse auf dem gewanderten Weg die wirklich bedeutsamen. „Das Wissen der Welt beim Gehen erfahren“ ist so ein Satz, der nachklingt. Ihr Vater, so die Nachlassverwalterin, sei beseelt gewesen von Luft, Licht, einem königlichen, fast meditativen Reisen. Auf Schusters Rappen sich dorthin bewegen, wo die „Tretmühle des Alltags“ nicht mehr wirkt. Ins Offene denken. Mit Schuhen wie diesen an den Füßen kann es gelingen. *Olaf Velte*

Ein Modell mit Geschichte

Die Festung Königstein im Jahre 1790/91 (Burg- und Stadtmuseum Königstein)

Eine gewaltige Explosion erschütterte die Burg, und das Schloss lag in Trümmern. Es war im September des Jahres 1796, als ein Sprengkommando der Franzosen auf ihrem Rückzug die Burg Königstein zerstörte. Ein Jahr später führte ein anderes Kommando das Werk fort und legte weitere Teile der Befestigung in Schutt und Asche, die von nun an jahrelang als Steinbruch genutzt wurde. Seitdem erhebt sich die ehemalige Festung als eine der mächtigsten Ruinen ihrer Art hoch über der Taunusstadt: Eine gewaltige Anlage, die heute noch ein eindrucksvolles Zeugnis abgibt von der einstigen Größe und Pracht des monumentalen Bauwerks.

Maßstab 1:100

Wie die Festung Königstein früher einmal ausgesehen hat, das geht nicht nur aus vielen Ansichten und Plänen hervor. Davon kann man sich im Burg- und Stadtmuseum auch plastisch ein Bild machen. Glanzstück der Sammlung ist ein Burgmodell, das den früheren Zustand der Festung anschaulich vor Augen führt. Dabei hat das Modell selbst eine lange wechselreiche Geschichte, die vor über hundert Jahren ihren Anfang nahm. Angeregt von den Arbeiten auf der Burg war man damals auf die Idee gekommen die Anlage im Maßstab 1:100 nachzubauen. Und zwar genau so, wie sie sich vor ihrer Sprengung im späten 18. Jahrhundert präsentierte. Das heißt also, zu einer Zeit, als die Festung unter der Herrschaft von Kurmainz war und als Garnison und Staatsgefängnis genutzt wurde.

Elf Handzeichnungen

Als Vorlagen für das Modell dienten dem Erbauer Carl Söhngen die farbig gefassten Pläne des Kurmainzer Ingenieur-Leutnants Jean François Xavier Mangin, die dieser 1790 und 1791 im Auftrag der kurfürstlichen Regierung angefertigt hatte. Insgesamt elf Handzeichnungen haben sich im Landesmuseum Wiesbaden erhalten, die das gesamte Areal in verschiedenen Ansichten, in Grund- und Aufrissen zeigen. Mit Hilfe dieser Pläne und eines älteren Stiches schuf Söhngen zwischen 1909 und 1910 sein Werk aus Holz, Papier und Gips. Zunächst war es in einem als Museum genutzten Burgraum neben der alten Küche unter Glas ausgestellt, wie Rudolf Krönke berichtet. Dann aber, nach 1945, sei es – so der Vorsitzende des Vereins für Heimatkunde – zusammen mit den anderen Exponaten des Burgmuseums in den Wirtschaftshof in der Limburger Straße gekommen, bis es schließlich mit Gründung des Burg- und Stadtmuseums 1968 dort seinen endgültigen Platz gefunden habe. Dass es aber überhaupt dorthin gelangen konnte, war nur durch eine drastische Maßnahme möglich gewesen. Das Werk musste wegen seiner Größe in zwei Teile zersägt werden, die man anschließend wieder zusammenfügte. Außerdem musste das inzwischen „ruinöse"

Carl Söhngen, Modell der Burg und Festung Königstein, 1909/1910

Modell erst einmal wiederhergestellt und farbig neu gefasst werden, da sein früherer feuchter Standort auf der Burg und sein späterer Einsatz bei Burgfest-Umzügen deutliche Spuren hinterlassen hatten. Später, in den Neunzigerjahren, folgte dann eine weitere Restaurierung, bei der auch einige Teile oder Details korrigiert wurden, um die Festung auf den historischen Stand von 1790/91 zu bringen. Denn der Modellbauer hatte sich nicht immer strikt an die Pläne gehalten, sondern unter anderem auch ältere Elemente hinzugefügt, wie die barocken Dachgiebel in Anlehnung an den Kupferstich von Matthäus Merian aus dem Jahr 1646, die nun wieder entfernt wurden. Auch der Turm erhielt im Zuge dieser Arbeiten wieder seine zeitgemäße Bekrönung mit einem Glockentürmchen. So entspricht die Anlage heute viel mehr als noch vor hundert Jahren dem von Mangin aufgenommenen Bestand, der die historische Situation nur wenige Jahre vor der Zerstörung dokumentiert.

Und so steht sie heute im Museum auch da, mitten im Raum, rundum von allen Seiten sichtbar: Die Festung aus dem späten 18. Jahrhundert mit ihrer Kernburg, einem Kasernenhof und den mächtigen Bastionen, hochgelegen auf felsigem Gelände in grüner Landschaft. Zu sehen ist die gesamte Anlage, die nicht nur einen umfassenden Überblick über die Bauwerke gibt. Sie bietet darüber hinaus auch einen Einblick in das Leben und den Alltag der Garnison. Der Besucher kann die Wehranlage und ihr Personal von allen Seiten betrachten, sie gleichsam erkunden, den Blick wandern lassen: Von Tor zu Tor durch die Befestigung bis hin zur Kernburg.

Rechts vor der Südseite kann man zwei Reiter mit einem Gefangenen erkennen, die auf dem Weg hinauf zum Burgeingang sind. Sie nähern sich dem großen Mainzer Tor, über dem das Wappen des Erbauers, des Erzbischofs Freiherr von Schönborn prangt. Dahinter erhebt sich die Wachstube, in der ein Soldat mit geschultertem Gewehr Wache schiebt. Nach dem Mainzer Tor geht es an einem mächtigen Rondell vorbei, auf dem die Kanoniere gerade eine Kanone laden. Wer dem Hauptweg weiterfolgt, kann von Süd nach West die gesamte Kernburg umrunden – vom Stolberger Tor über eine Zugbrücke hinweg durch das Eppsteiner und Falkensteiner Tor hindurch, den „Hellen Bogen“ entlang, der schließlich in den Kasernenhof führt.

Paradeplatz

Dieser Paradeplatz vor der westlichen Schlossfassade ist an zwei Seiten von Militärgebäuden umgeben. Hier lagen die Infanterie- und Kavalleriekaserne, hier befand sich ein Holzmagazin und das Waffenarsenal, während im Rundturm an der Ecke das Schießpulver lagerte. In der Mitte des Platzes sieht man neben einem quadratischen Springbrunnen ein rechteckiges Wasserbecken, zu dem eine Treppe hinabführt: Es ist die sogenannte Pferdeschwemme, in der gerade ein Pferd gesäubert wird.

Von diesem Platz aus führt eine Rampe hoch zum Eingang der weiß verputzten Kernburg: Es handelt sich dabei um eine dreigeschossige Vierflügelanlage mit hoch aufragendem Bergfried, die im Laufe der Jahrhunderte von ihren verschiedenen Besitzern zur Residenz um- und ausgebaut worden war. Dabei reichen ihre Anfänge als mittelalterliche Burg weit zurück: Vermutet wird, dass sie im 11. oder 12. Jahrhundert wahrscheinlich zum Schutz der großen Reichsstraße zwischen Frankfurt und Köln errichtet worden war. Zum ersten Mal erwähnt wird Königstein jedenfalls erst im Jahre 1215. Bis ins späte 16. Jahrhundert hinein residierten hier unter anderen die Herren von Münzenberg, Falkenstein und Eppstein sowie die Grafen von Stolberg. Seit 1581 war die Burg dann im Besitz des Kurfürstentums Mainz und wurde zur Festung ausgebaut. Dabei diente sie von nun an nicht mehr als Residenz, sondern als Militärstützpunkt und vor allem auch als Staatsgefängnis. Viele, zumeist politische Gefangene waren in Königstein inhaftiert, darunter im späten 18. Jahrhundert auch zahlreiche Anhänger der „Mainzer Republik". So gab es hier im Schlossinnern neben den Wirtschafts- und Wohnräumen auch mehrere Gefängnisräume, wie aus den Plänen von Mangin hervorgeht. Danach befanden sich im Erdgeschoss beispielsweise die Küche, eine Backstube und das Speisegewölbe. In der oberen Etage waren unter anderem die Kommandantenräume und das Archiv sowie die Schlosskapelle und die Garnisonskirche. Im Zentrum der Anlage aber, von ihren vier Flügeln umgeben, lag der große Burghof, der im Modell von oben sichtbar ist. Dort befand sich der besagte Brunnen, in dem die Franzosen bei ihrem Rückzug 1796 – wohl durch ein Versehen – das Pulver zu früh entzündeten und dabei die Burg und sich selbst in die Luft sprengten. Das war dann auch der Anfang vom Ende der Festung Königstein – oder vielmehr der Beginn ihrer Geschichte als Ruine: Als eine der größten und eindrucksvollsten Festungsruinen in Deutschland, die seit über zweihundert Jahren als Wahrzeichen der Stadt weithin sichtbar über Königstein aufragt. *Christine Jung*

Blick von oben auf das Schloss und den Kasernenhof

Literatur: Verein für Heimatkunde e. V. Königstein 2010

Nach der Natur

Der Philosophenweg von Fritz Wucherer (Freilichtmuseum Hessenpark, Neu-Anspach)

Seine Kunstauffassung sei ihm innerlich vorgezeichnet gewesen, und sein Weg immer in gleicher Richtung weitergegangen, schrieb er rückblickend in seinem Lebenslauf und bekannte, dass ihm die verschiedenen, oft wechselnden „Ismen", wie Naturalismus, Expressionismus, Futurismus, Kubismus, kaum berührt hätten: Als Richtlinie gelte ihm das Schöne, Gesunde, wie er anschließend erklärte, denn ohne Ideale schien ihm die Kunst nicht denkbar (Wucherer 1973, S. 33).

Immer wieder arbeitete der Maler Fritz Wucherer mit besonderer Vorliebe nach und in der Natur. Es war die Landschaft, die ihm besonders am Herzen lag: Er wollte sie „natürlich" oder naturwahr wiedergeben und dabei ihre Stimmung erfassen, sie im Bild festhalten und für den Betrachter nachvollziehbar machen.

Dies zeigt sich besonders eindrucksvoll bei einem Gemälde, das sich als Leihgabe der Stiftung Kronberger Malerkolonie in der Ausstellung „Gemaltes Hessen" im Hessenpark befindet. „Kronberg am Philosophenweg" ist der Titel des 46 mal 66 Zentimeter großen Ölbildes, das eine Landschaftsidylle im Herbst zeigt. Die Sonne scheint, der Himmel ist blau, die Bäume beginnen ihre Blätter zu verlieren. Man erblickt einen breiten Weg, der auf der linken Seite von mehreren Bretterzäunen begrenzt ist. Diese zeigen hier nicht nur ihre Schattenseite, sondern werfen auch schmale Schatten auf den Boden, während rechts im Vordergrund der Weg und das daneben ansteigende Gelände hell erleuchtet sind. Ein Stück weiter stehen am Wegesrand zwei hoch aufragende Bäume, deren grüne Blätter sich teilweise goldgelb verfärbt haben oder schon am Boden liegen.

Wer sich auf den Philosophenweg begibt und in diese Richtung geht, erblickt mehrere bewaldete Anhöhen, er sieht in der Ferne grüne Wiesen und dahinter den hoch aufragenden Burgberg von Falkenstein. Dargestellt ist hier der Philosophenweg, der von der Eichenstraße in der Kronberger Altstadt durch die Natur in Richtung Königstein führt.

In der Schule von Anton Burger

Wie aus der Signatur auf dem Bild hervorgeht, ist diese herbstliche Landschaft am 13. Oktober des Jahres 1924 entstanden. Damals war der Maler bereits ein bekannter Künstler der Kronberger Malerkolonie, der seit vielen Jahren in der Taunusstadt lebte und arbeitete. Schon mit 19 Jahren war der 1873 in Basel geborene und in Frankfurt aufgewachsene Landschaftsmaler nach Kronberg gekommen, um bei Anton Burger, dem Oberhaupt der Malerkolonie, in die Schule zu gehen. Diese drei Kronberger Jahre gehör-

Fritz Wucherer: Kronberg am Philosophenweg, 1924, Öl auf Leinwand

Dauerausstellung „Gemaltes Hessen“ im Haus Gemünden (Wohra), Hessenpark

ten, wie er später betonte, zu den sorglosesten und glücklichsten seines Lebens. Hier erhielt er eine vielseitige künstlerische Ausbildung, hier lernte er viele bedeutende Künstler kennen und hier traf er auch seine spätere Ehefrau, die Malschülerin Marie Cleophea Zwerger. Auf Anraten seines Lehrers und des Malers Adolf Schreyer ging er nach Abschluss der Ausbildung für weitere Studien nach Paris, wo er sich intensiv mit der französischen Kunst der Alten und Neuen Meister befasste. Von dort aus unternahm er mehrere Reisen, unter anderem nach Fontainebleau, in die berühmte Künstlerkolonie Barbizon und später auch nach Auvers-sur-Oise, um hier vor Ort nach der Natur zu malen. Von Anfang an war Fritz Wucherer stark beeindruckt von der französischen Malerei der „Paysage intime“, der intimen Landschaftsmalerei. Insbesondere die Werke von Camille Corot und Charles-François Daubigny übten mit ihren schlichten, aber stimmungsvollen Naturbildern einen großen Einfluss auf den Künstler aus. Inspiriert von dieser Art der französischen Landschaftsmalerei entwickelte er schon bald seinen eigenen künstlerischen Stil.

Als Wucherer Ende 1897 wieder nach Deutschland kam, galt es erst einmal, „das Erlernte, Erschaute in Lebensarbeit umzusetzen“, wie er berichtete. „Ich brannte darauf, mir zu beweisen, dass ich das Wesentliche aus den überreichen Eindrücken meiner Studienzeit auch innerlich erfasst und verarbeitet hatte und noch verarbeiten würde“ (Wucherer 1973, S. 23 f.). Zuerst eröffnete er in Frankfurt ein Atelier, zog dann nach Schönberg und schließlich nach Kronberg, wo er sich später ein eigenes Haus in der Burgerstraße baute.

Letzter Vertreter

Es folgten „Jahre fleißigen ergiebigen Schaffens, meist in der Umgebung, unterbrochen durch längere Studienaufenthalte, oft mit Frau und Kind“ (Wucherer 1973, S. 26). Fast ein halbes Jahrhundert verbrachte er in der Taunusstadt: Er war zu einem der bedeutenden Maler der Kronberger Künstlerkolonie geworden. Mehr noch: Er war ihr letzter großer offizieller Vertreter, der die Tradition der Malerkolonie bis in die Mitte des 20. Jahrhunderts fortführte.

Bis zu seinem Tod 1948 hat Wucherer ein reiches künstlerisches Werk geschaffen. Es umfasst zahlreiche Ölgemälde, Aquarelle und Zeichnungen, aber auch Radierungen und Lithografien. Anfangs schuf er vor allem Stimmungslandschaften in der so genannten „Hellmalerei", dann widmete er sich vermehrt auch den Stadt- und Ortsansichten sowie der regionalen Landschaftsdarstellung, mitunter in großzügiger lockerer Malweise und kräftiger Farbigkeit. Dazu kamen technische und architektonische Bilder mit Motiven aus der Luftfahrt, Industrie oder dem Militär. Darüber hinaus schuf er die – heute zerstörten – Wandmalereien für das neue Frankfurter Rathaus oder für den Frankfurter Bahnhof und fertigte eine Serie unter dem Titel „Aus dem Taunus", die 16 Taunusansichten enthielt.

Immer wieder richtete er seinen künstlerischen Blick vor allem auch auf seinen Wohnort Kronberg, den er von vielen Seiten, aus verschiedenen Perspektiven darstellte. Mal zeigte er die Stadt von der Ferne, vom Falkensteiner Burgberg, vom Schafhof oder vom Kronthaler Weg aus. Dann wieder malte er Kronberger Gebäude und Straßen aus der Nähe, unter anderem die Receptur oder die Alte Synagoge, die Adlergasse oder die Hauptstraße. Aber auch Wege und Plätze außerhalb der Stadtmauern tauchen in seinen Bildern auf, der Blick ins Grüne, auf Wiesen, Felder und Wälder, mitunter zu verschiedenen Jahres- und Tageszeiten. So erscheint auch der Philosophenweg als ein beliebtes Motiv in seinem Werk.

Zu sehen ist hier auf diesem Gemälde die idyllische Landschaft, die dem Betrachter nicht nur die reale Situation inmitten der Natur vor Augen führt, sondern ihm auch eine bestimmte Stimmung vermittelt, ihn gleichsam mit auf den Weg nimmt und an dem Natureindruck teilhaben lässt. „Die Hauptsache ist", so heißt es auch in seinem Lebenslauf, „dass der Beschauer in die Stimmung versetzt wird, und sie vollständig mitempfindet, die dem Künstler bei der Anfertigung des Bildes vorschwebte" (Wucherer 1973, S. 17 f.). Das war dann auch von Anfang an sein Ziel als Landschaftsmaler. Immer wieder ging es ihm darum, das „Naturganze" zu erfassen und die „ganze große Naturstimmung" wiederzugeben, so wie er es schon früh als junger Künstler in einem Brief an seinen Lehrer Anton Burger formuliert hat (Wucherer 1973, S. 147).

Christine Jung

Literatur: Katalog Kronberg 2011; Weber-Mittelstaedt 1986; Wucherer 1973

Die „Imnuda"-Tasche für die Dame von Welt

(Vortaunusmuseum, Oberursel)

Oberursel wird wegen ihres Wasserreichtums auch die Brunnenstadt genannt. Gräben durchzogen einst die Stadt, um die zahlreichen Mühlen mit dem notwendigen Wasser zum Antrieb der Mühlräder zu versorgen. Damit einher ging auch eine Ansiedlung von Betrieben, die wiederum die Produkte, die in den Mühlen hergestellt wurden, veredelten. Dazu zählen auch die lederverarbeitenden Betriebe. Einer davon war die Lederwarenfabrik Louis Rowold, die ihren Firmensitz im Gattenhöfer Weg in der ehemaligen Beckers-Mühle hatte. Das Oberurseler Vortaunusmuseum hat Teile des Rowold-Firmenarchivs übernommen und zeigt diese in einer Feintäschner-Ausstellung.

Die Firma Rowold fertigte edle Portemonnaies, Etuis und Handtaschen aus verschiedenen Ledersorten, die immer den jeweiligen Zeitgeist widerspiegelten. So wie die Imnuda-Tasche, wohl in den 1930er Jahren gefertigt, die heute im Vortaunusmuseum zu sehen ist. Der Clou dieser Tasche: Sie konnte im Nu mit einem Handgriff von einer Tasche mit Tragegriff zu einer Unterarmtasche umgebaut werden, ohne den Trageriemen selbst abzunehmen. Durch zwei Sporne an beiden Seiten der Öffnungsklappe konnte der Riemen so dicht an die Oberseite gezogen werden, dass er nicht mehr sichtbar war. Damit wurde die Imnuda-Tasche sozusagen zu einer 24-Stunden-Handtasche für die Dame von Welt. Denn tagsüber, beim Einkauf, konnte die Tasche lässig über der Schulter getragen werden, abends, bei vornehmen Empfängen oder Konzertbesuchen konnte sie in der Armbeuge getragen werden. Ganz so, wie es damals schick war. Da die Verwandlung der Tasche mit Griff in eine ohne Griff im Handumdrehen ging, war auch schnell der passende Name dafür gefunden: Die Imnuda-Tasche – schick und praktisch in einem. Heute würde man sie Clutch nennen.

Zwischen 1920 und 1945 fertigte die Rowold-Fabrik Handtaschen. Später kamen vor allem Geldbörsen hinzu. Das Besondere an ihnen: Sie waren aus einem einzigen Stück Leder gewalkt. Dadurch war das Leder nicht ausgedünnt, was es besonders haltbar machte. Vor allem in die Schweiz lieferte die Rowold-Fabrik diese Portemonnaies. Allerdings war diese Art der Fertigung sehr aufwendig und teuer, sodass es dem Oberurseler Unternehmen immer schwerer fiel, sich gegen die qualitativ weniger hochwertigen, dafür aber günstigeren Produkte weltweit zu behaup-

Lederwarenfabrik Louis Rowold, „Imnuda"-Tasche mit Griff, 1930er Jahre

Die Immuda-Tasche ohne Griff

ten. 1975 wurde die Produktion eingestellt, der Betrieb 1993 aufgelöst.

Wurzeln in Hamburg

Eine Firmengeschichte, die fast 120 Jahre zuvor in Hamburg ihren Anfang genommen hatte, fand damit ein Ende. Louis Rowold hatte Buchbinder gelernt – eine Tätigkeit, bei der er auch mit Lederverarbeitung in Berührung kam – und machte sich dort selbstständig. 1883 wurde der Firmensitz nach Celle verlegt. Sein Sohn Otto besuchte eine Gerberschule, arbeitete in England, bevor es ihn nach Offenbach zog, dem Mittelpunkt der deutschen Lederindustrie. Da er erkannte, dass nur hier genügend Fachkräfte vorhanden waren, um die eigene Produktpalette auszuweiten, veranlasste er seinen Vater, die Firma ins Rhein-Main-Gebiet zu verlegen. Die Wahl des Standorts fiel auf das Areal der ehemaligen Beckers-Mühle, in der Ludwig Zimmermann und Julius Stadermann 1896 eine Gerberei und Färberei eingerichtet hatten. Es waren also beste Voraussetzungen für das Lederwerk.

Otto Rowold verstand sich auf die Verarbeitung feinsten Leders. Er ließ Madras-Ziegenhäute kommen, die er durch Nachgerbung und spezielle Zurichtung zu Saffianleder verarbeitete.

Dame von Welt mit „Immuda"-Tasche, Fotografie

„Imnuda"-Tasche, Plakat

Dabei profitierte er von der Mühlenstadt Oberursel, denn die dafür notwendigen Walkfässer für die Nachgerbung kamen von der nahe gelegenen Mühlenbauanstalt Adam Koch. Die Spezialität des Rowold-Leders war die Rückseite. Es war durch ein eigens entwickeltes Verfahren so glatt geworden, dass sie nicht mehr gefüttert werden musste.

Hermann Rowold führte das Geschäft schließlich in dritter Generation. Ihm kam die schwere Aufgabe zu, den Betrieb aufzulösen. Viele Produkte, aber auch Maschinen und Werkzeuge, wanderten ins Vortaunusmuseum, wo sie heute noch zeigen, welch kunstvolles Handwerk vor noch gar nicht allzu langer Zeit in Oberursel gepflegt wurde. Die Imnuda-Tasche ist dafür nur eines von vielen Beispielen.

Alexander Wächtershäuser

L3

Ein Automobil, das ein Traum blieb

Entwürfe für den „L 3" (Horex-Museum, Bad Homburg)

Lange gelten die motorisierten Zweiräder in Homburg als gesetzt. Seit 1923 ist der Name „Horex" ein Garant für entwicklungsfreudigen Motorradbau, wohlbekannt unter Renn- und Straßenfahrern. Auch der Umbruch des Zweiten Weltkrieges kann dem deutschlandweit bekannten Betrieb wenig anhaben, die Produktionszahlen steigern sich infolge der Wehrmachtsnachfrage sogar noch. Mit der Herstellung der berühmten „Regina" heben auch die 1950er Jahre verheißungsvoll an, dem Motorrad scheint die Zukunft zu gehören. Der Optimismus ist jedoch trügerisch.

In den Räumen des Bad Homburger Horex-Museums sind die verschiedenen Phasen des mit der im benachbarten Oberursel angesiedelten Columbus Motorenbau AG verbandelten und von Fritz Kleemann gegründeten Werks anschaulich dargestellt. Wie eine Spirale zieht sich die Firmengeschichte in dem 2012 eröffneten Ausstellungshaus aufwärts, setzt Macher und Maschinen ins Bild, blendet auch Einzelschicksale nicht aus.

Vier gerahmte Papierarbeiten sind es, die an hoher Wand im Obergeschoss auf einen unerwarteten Bruch mit der Zweirad-Tradition hinweisen, zugleich auf den Niedergang deutscher Motorradherrlichkeit. Leicht zu übersehen, unauffällig – aber von folgenschwerer Konsequenz.

Vier Konstruktionszeichnungen, mit denen die Serienproduktion eines Horex-Kleinstautomobils auf den Weg gebracht werden sollte. Neben zwei kolorierten Blättern sind zwei Großformate platziert – abbildend, was hätte sein können. Der sich hier in geduckter Buckelform präsentierende „L3" – auf den 19. Februar 1954 ist jener Entwurf datiert – wird jedoch nie gebaut.

Längst ist die Konkurrenz enteilt und hat vergleichbare Kleinwagen wie Isetta, Goggomobil, Messerschmidt KR oder Fuldamobil zur Reife entwickelt, teilweise schon öffentlich vorgestellt. „Das Projekt Horex-Automobil wurde dann eingestellt", sagt Ursula Grzechca-Mohr, Leiterin des Städtischen historischen Museums. Innerhalb von eineinhalb Jahren hatte sich damit der Wunsch erledigt, mit neuem Programm auf veränderte gesellschaftliche Verhältnisse in Deutschland zu reagieren. Die aus Mutter, Vater und zwei Kindern bestehende Durchschnittsfamilie strebte nach einem Fortbewegungsmittel mit Überdachung und Stauraum, ließ jetzt die Horex mit Seitenwagen (zum Preis von 2.700 Mark) links

Horex-Fahrzeug „L3", 1954, Zeichnung

Horex, Kleinstwagenautomobil „L3", kolorierte Zeichnung

liegen und entschied sich stattdessen für einen spartanischen Volkswagen (4.800 Mark).

Was von den Konstrukteuren Ludwig Apfelbeck und Hermann Balk in einem „Sonderbüro" des Unternehmens zu Beginn der Fünfziger in Angriff genommen und auf Basis eines Fahr-Mähdreschermotors entwickelt wird, gilt schon 1953 als Makulatur. So zumindest Stand der Forschung, als Ursula Grzechca-Mohr aus Anlass einer geplanten Sonderausstellung im Jahr 2013 eine Telefonnummer in Baden-Baden anwählt. Am anderen Ende meldet sich Erika Kübler, Nachlassverwalterin und einstige Mitarbeiterin von Louis L. Lepoix. Und verweist auf Ronald Fischer-Jene, dessen Vater Wolf nicht nur der Schwiegersohn von Gründer Fritz Kleemann, sondern auch einer der Geschäftsführer von Horex war. Ein Hinweis, der schließlich zu einem „sensationellen Fund" führt.

Mit den aus der Familiensammlung Fischer-Jene stammenden und heute zum Museumsbestand gehörenden Zeichnungen lässt sich belegen, dass die Kleinwagen-Entwicklung ein Horex-Thema bis weit in die Fünfziger war, schon Vorstufen der Umsetzung angenommen hatte. Erika Kübler hat dazu einen kleinen Briefwechsel und eine Mappe mit Negativen zur Verfügung gestellt. So zeigen die Baden-Badener Werkstattfotografien ein Sportmobil, dessen rasant-flache Linienführung so gar nicht zur Nierentisch-Atmosphäre der Epoche passen will.

Dokumentiert ist daneben die detaillierte Ausarbeitung des „L3"-Prototyps in offener und geschlossener Variante, die Aufwertung des „Rebell"-Mopeds zu einem eleganten Rollermodell, auch eine nach Windkanal-Vorgaben entworfene „Regina"-Verkleidung. Die im Obergeschoss ausgestellten Zeichnungen spinnen das Garn fort, zeigen das Innenleben des Kleinwagens, die Möglichkeit zu umfangreicheren Baureihen, die Familientauglichkeit zu erschwinglichen Konditionen.

Die Lösung des Rätsels

Wessen Stift und Denkapparat hat hier also gewirkt? Wer ist dieser Mann, der ein Bekannter von Wolf Fischer-Jene war und dessen auf Zukunft gerichtete Umbaupläne der Horex-Produktion unterstützten wollte? In Baden-Baden, seinem letzten Wirkungsumfeld, ist eine Schule nach ihm benannt, hat sich Archiv nebst Werkraum bis heute erhalten. Die frühen und mittleren Jahrzehnte der Bundesrepublik sind ohne seine Handschrift kaum denkbar.

Enorme Bandbreite

Louis Lucien Lepoix – auch „L.L.L." gerufen – hat das BIC-Einwegfeuerzeug und die „Kienzle"-Parkuhr in Szene gesetzt. „Seine Bandbreite", so Grzechca-Mohr, „ist phänomenal". Der 1918 in Frankreich geborene und 1998 verstorbene Industrie-Designer hat kurz nach dem Zweiten Weltkrieg sein Studio „Form Technik International" aus der Taufe gehoben und vorrangig in deutschen Landen gewirkt. Mehrfach ausgezeichnet, hat er den Fahrerhäusern von Lastwagen zur klassischen Form verholfen, einen kubisch-kantigen Stil etabliert.

Über die Gestaltung von Radiogeräten und Türbeschlägen, von Traktoren, Lokomotiven und Straßenwalzen ist er als anerkannter Geist schließlich auch nach Bad Homburg und zum Hersteller Horex gelangt. Obwohl seine Konstruktionen nicht mehr zur Realisierung gebracht werden können, weisen sie nach vorne – auf eine künftige, dem Personenkraftwagen verpflichtete Zeit, in der das Traditionsunternehmen aus dem Taunus keine Rolle mehr spielen sollte.

In einem ausführlichen Brief vom 18. Mai 1955 listet Lepoix anstehende Aufgaben und mögliche Kosten auf. Für 11.000 Mark verspricht er die komplette Herstellung des Prototyps, veranschlagt dafür drei Monate. Schon drei Jahre später endet die Motorradfertigung nahe der Homburger Bahngleise, 700 Horex-Mitarbeiter stehen vor dem Aus.

Beim Blick auf die vier gerahmten Zeichnungen im Obergeschoss des Museums schwingt all dies mit, öffnet sich ein weites Panorama. „Bundesdeutsche Geschichte", sagt Ursula Grzechca-Mohr. Eine, die auch Verlierer kennt – trotz Wirtschaftswunder, trotz Neubeginn. *Olaf Velte*

Der Schneewittchensarg

Ein Radio-Phono-Gerät wird zum Design-Klassiker (BraunSammlung, Kronberg)

Wenn man sich der monumentalen Glasfront in Kronberg nähert, sieht man ihn schon von weiter Ferne. Hoch oben erscheint er, herausgehoben unter all den Braun-Klassikern, die auf dem schwarzen Banner abgebildet sind. Wenn man dann in das Innere geht und in die Sammlungsräume kommt, kann man ihn direkt aus unmittelbarer Nähe im Original sehen: den „Phonosuper SK 4", wie er eigentlich heißt und in Fachkreisen genannt wird, der aber – viel mehr noch – unter dem Spitznamen „Schneewittchensarg" bekannt geworden ist.

Präsentiert wird in der BraunSammlung ein Radio-Phono-Gerät aus den Fünfzigerjahren, das mit seinem innovativen Design für großes Aufsehen in der Branche sorgte. Es ist gleichsam ein Hauptwerk des modernen Designs, das mit seiner avantgardistischen Formgebung prägend wirkte. So steht es an zentraler Stelle am Beginn der Ausstellung und kann hier – umgeben von weiteren Designklassikern – von allen Seiten betrachtet werden. Dabei kann der Besucher einiges erfahren über die Bedeutung und Besonderheiten des legendären Phonogeräts, über Hintergründe und Entwicklungen. Und er kann darüber hinaus sehen, was es alles vorher und nachher gab, was früher und später auf dem Markt war: Damals, in der Zeit der ersten Rundfunkempfänger und Plattenspieler und später, in der Folgezeit, als die Hi-Fi-Anlagen als Baukastensystem entstanden sind. All das und noch viel mehr wird in der BraunSammlung in Kronberg vorgestellt, die sehenswerte Exponate aus der langjährigen Produktion des Unternehmens zeigt.

Gegründet wurde das Unternehmen 1921 von Max Braun in Frankfurt am Main, der in den Zeiten, als sich das Radio zu einem Massenmedium entwickelte, seine ersten Rundfunkempfänger konstruierte. Außerdem schuf er in den Dreißigerjahren eine der ersten Radio-Plattenspieler-Kombinationen in einem Gehäuse, die sich damals großer Beliebtheit erfreuten.

Nach dem Zweiten Weltkrieg begann mit dem Wiederaufbau auch der Aufbau neuer Produktbereiche. Vor allem die Haushaltsgeräte, wie beispielsweise die Küchenmaschine, bildeten von nun an ein weiteres wichtiges Standbein des Unternehmens. Aber auch andere Elektronikgeräte, darunter das Blitzgerät und die Dynamo-Taschenlampe, gehörten zum Programm. Und natürlich vor allem auch seit 1950 die Rasierer, die zu einem großen Erfolg der Marke Braun führten.

Neue Ära

Als dann im Jahr 1951 der Vater Max starb, übernahmen seine Söhne Artur und Erwin Braun die Leitung des Unternehmens. Damit begann eine neue Ära in der Geschichte von Braun. Denn

Braun, „Schneewittchensarg", Radio-Phono-Kombination SK 4 – 1, 1956

Der „Schneewittchensarg" im Museum of Modern Art in New York, 1964

die beiden Brüder wollten neue Wege in der Produktgestaltung gehen, sie wollten eine andere Richtung einschlagen und ein neues Programm einführen. Schlicht, sachlich und funktional sollten sie sein – die neuen Produkte aus dem Hause Braun, also ganz im Gegensatz zu dem, was damals auf dem Markt war. Und das galt nicht nur, aber vor allem für die Phonogeräte, die ein vollkommen neues Erscheinungsbild erhalten sollten. Man wollte Geräte für den modernen Wohnraum herstellen, einfach und klar in der Formgebung, die sich deutlich von den traditionellen schweren Musiktruhen aus dunklem Holz mit ihren golddurchwirkten Lautsprecherbespannungen unterscheiden.

Auf der Suche nach einem neuen Stil nahm man vielfach Kontakt zu Designern und Architekten auf. Und gründete darüber hinaus eine eigene Gestaltungsabteilung unter der Leitung des Theater- und Filmregisseurs Fritz Eichler, die mit herausragenden Gestaltern zusammenarbeitete, wie beispielsweise mit Wilhelm Wagenfeld, und insbesondere auch mit den Lehrern der Hochschule für Gestaltung in Ulm, allen voran mit Hans Gugelot und Otl Aicher, die sich der Neugestaltung der Radio- und Phonogeräte widmeten und eine neue Produktlinie entwickelten. Mitte der Fünfzigerjahre kam schließlich der Architekt Dieter Rams zu Braun, zunächst als Mitarbeiter der Gestaltungsabteilung und dann über 30 Jahre lang als ihr Leiter. Das erste spektakuläre Werk des Designpioniers war eben jener „Phonosuper SK 4": Gemeinsam mit Hans Gugelot schuf er eine Kombination aus Radio und Plattenspieler, die für das neue Braundesign bahnbrechend wirkte. Nahezu alles an dem Gerät war damals neuartig: Angefangen von der Form über das verwendete Material bis hin zur Farbigkeit und Funktion. Alles erscheint hier auf das Wesentliche reduziert, vollkommen puristisch, konzentriert auf den Gegenstand und seinen Gebrauch. Der Korpus des „SK 4" besteht aus einem weißen Metallgehäuse, das an der Front mehrere parallel übereinander angeordnete Lautsprecher- und Lüftungsschlitze besitzt. Gerahmt wird das Gehäuse rechts und links von hellen Seitenwänden aus

Holz. Besonders war auch die Anordnung der Bedienelemente auf einer horizontalen Ebene. Da die Schallplatten von oben aufgelegt werden, sollten auch die Regler und Tasten von oben bedient werden (und nicht wie sonst üblich an der Front). So kam es, dass die hellgrauen Bedienknöpfe oben auf der rechten Seite angeordnet sind, während sich links daneben der hellgraue Plattenspieler mit seinem organisch geformten Tonarm befindet. Es handelt sich dabei um eine Gestaltung von Wilhelm Wagenfeld, die schon bei früheren Braungeräten zum Einsatz kam.

Haube aus Plexiglas

Ursprünglich sollte der Deckel aus demselben Material wie der Korpus bestehen. Wie der Sammlungsleiter Thomas Guttandin berichtet, war eigentlich eine Abdeckung aus Metall vorgesehen. „Diese hatte aber unter anderem den Nachteil", so Guttandin, „dass sie zu vibrieren oder zu klappern begann, sobald das Gerät ertönte". Deshalb suchte und fand man schließlich eine andere Lösung. Es war Dieter Rams, der auf die Idee kam, Plexiglas zu verwenden – ein für derartige Geräte vollkommen neues Material, aus dem dann die Haube gefertigt wurde. Diese erhielt an der Rückseite einen Ausschnitt, damit bei geschlossenem Deckel auch Langspielplatten abgespielt werden können.

Mit diesem „gläsernen" Deckel hatte der „SK 4" sein charakteristisches Aussehen erhalten und seinen Spitznamen bekommen. In Anlehnung an das Märchen der Brüder Grimm hieß er von nun an „Schneewittchensarg", was zunächst etwas abwertend, dann aber liebevoll und bewundernd gemeint war. Zum ersten Mal war hier ein transparenter Kunststoffdeckel realisiert worden, der in der Folgezeit zum Standard gehörte.

Nach seiner revolutionären Einführung 1956 wurde der „SK 4" immer wieder technisch und zum Teil auch gestalterisch weiterentwickelt. Bis schließlich 1963 seine Produktion und fünf Jahre später der Verkauf eingestellt wurden. Zu diesem Zeitpunkt war der Schneewittchensarg schon längst zu einer Designikone geworden, die unter anderem im New Yorker Museum of Modern Art ausgestellt ist. Er wurde zu einem Kultobjekt, das mit seinem revolutionären Design weg- und richtungsweisend wirkte: Ein Schlüsselwerk der Moderne, das Designgeschichte geschrieben hat.

Christine Jung

Literatur: Braun 2011

Mammolshainer
Bürgermeisterzimmer
und
Standesamt

Hier wurde der Bund fürs Leben geschlossen

Das Amtszimmer des früheren Bürgermeisters und Standesbeamten Pfaff (Heimatmuseum Mammolshain, Königstein)

Der Raum in der Dorfstube, dem Museum des Heimatvereins Mammolshains, ist klein und versprüht – im besten Sinne – nostalgischen Charme. Der Blick fällt sofort auf einen kleinen Schreibtisch, auf dem sich eine grüne Decke mit silbernem aufgesticktem Lorbeerkranz befindet. Darauf liegt ein in orangefarbenes Leder gebundenes Büchlein. „Stammbuch der Familie" und „Gemeinde Mammolshain" steht darauf, dazu das Ortswappen, ein von einem Pfeil durchbohrtes Herz mit Blumen. Davor zwei schlichte Holzstühle, hinter dem Schreibtisch ein zerschlissener Polsterstuhl. „Das ist die originale Einrichtung des Standesamts, als wir noch selbstständig waren", sagt Bernd Hartmann, Vorsitzender des Heimatvereins.

Alle, die in Mammolshain geheiratet haben, haben auf diesen Stühlen gesessen, erzählt Hartmann. Auch er selbst. Getraut wurden sie von Bürgermeister Hans Pfaff, der zugleich auch der Standesbeamte des Ortes war. Von 1954 bis 1972 wurden an diesem Tisch die Trauungen vollzogen. Für diesen Anlass verlieh Pfaff seinem Bürgermeister-Schreibtisch ein feierliches Ambiente. Akten wurden vom Schreibtisch geräumt, die besagte grüne Tischdecke aufgelegt und zwei Kerzenleuchter mit weißen Kerzen im typischen Design der späten 1950er Jahre draufgestellt.

Dem Drang, die Stühle, von denen der Lack abblättert, zu restaurieren, hat der Heimatverein glücklicherweise widerstanden. „Die Leute saßen eben bei ihrer Trauung auf den harten und wenig feierlichen Stühlen", sagt Hartmann. Warum also solle man das ändern? Dass auf der Tischdecke kleine Wachsflecken sind – was soll's? Bevor durch das Säubern möglicherweise die Stickerei beschädigt wird, bewahrt man die Decke lieber liebevoll auf.

War die Hochzeit vorbei, wurde das Tischtuch wieder weggeräumt, und es kamen die Aktenordner auf den Tisch. Das Standesamt wurde wieder zum Bürgermeisterzimmer. Und auf den harten Stühlen saßen nun Leute, die vielleicht nur ihren Personalausweis verlängern wollten.

Es ist ein Blick in die typische Amtsstube eines Dorfbürgermeisters, den der Heimatverein hier gewährt: rustikal und unverstellt. Allein der Blick auf den Bürgermeisterstuhl zeigt deutlich, dass

Schreibtisch des Bürgermeisters und Standesbeamten Hans Pfaff

Mammolshainer Amtszimmer

der Mammolshainer Rathaus-Chef in den 1960er Jahren sicherlich nicht in einer Komfortzone lebte. Auch wenn der Schreibtisch damals modern war, kam es vor allem auf Funktionalität an. Und so ist das ganze Mobiliar, das hier gezeigt wird, auch der Ausdruck des damaligen Zeitgeistes.

Ursprünglich befanden sich Bürgermeisteramt und Standesamt wie auch die Verwaltung im Erdgeschoss des 1956 gebauten Dorfgemeinschaftshauses. Das war übrigens seinerzeit das erste in ganz Hessen. Nach der Eingemeindung Mammolshains nach Königstein wurde dann nur noch in der Stadt geheiratet. Beim Umbau des Dorfgemeinschaftshauses vor einigen Jahren, bei dem auch die Heimatstube eingerichtet wurde, zog das noch vorhandene Mobiliar einfach eine Etage höher.

Während in dem größeren der beiden Ausstellungsbereiche die Orts-, Kirchen- und Vereinsgeschichte abgehandelt wird – hinzu kommen noch kleinere Wechselausstellungen – widmet sich der kleinere Ausstellungsraum vor allem der früheren selbstständigen Gemeindeverwaltung von Mammolshain. Hier gibt es Stempel und Schilder, sogar eine alte Wahlurne kann betrachtet werden. Solide Wertarbeit aus Metall, nicht aus Kunststoff wie heute allerorten.

Doch der zweite Hingucker neben dem Bürgermeister-/Standesamtstisch ist zweifelsohne der alte Tresor der Gemeinde. Gut einen Meter hoch und 70 Zentimeter breit steht er hier, die Tür halb geöffnet. Darin ein paar Scheine Spielgeld. Die wertvollen Dokumente der Gemeinde waren hier einst eingeschlossen, wohl auch die Gemeindekasse. Das Bargeld war vermutlich im obersten Fach untergebracht, das durch eine Klappe zusätzlich abschließbar war. Doch die ist verschwunden. Eindrucksvoll ist vor allem die Dicke der Wände und der Bänder, die den Tresor vor einem Aufbruch schützen sollten.

Wenn man die Tür des Tresors schließt, bemerkt man, dass er gar kein Schlüsselloch besitzt. Das ist nämlich versteckt in einer der Punzen auf der Frontseite angebracht. Erst wenn man auf einen kleinen Knopf an dieser Punze drückt, springt eine Klappe auf und gibt das Schlüsselloch frei. „Der Tresor stand früher vermutlich nicht im Bürgermeisterzimmer“, sagt Hartmann. Doch diese kleine Ungenauigkeit ist angesichts dieser wunderbaren Zeugnisse der alten selbstständigen Gemeinde Mammolshain gerne verziehen.

Alexander Wächtershäuser

Krone unter den Hüten

Der „Homburg-Hut" des Konrad Adenauer (Museum im Gotischen Haus, Bad Homburg)

Als Konrad Adenauer im Jahr 1953 auf einem Wahlplakat erscheint, hebt er wie zum Gruße seinen Hut. Als er nach dem Bau der Berliner Mauer 1961 vor die Presse tritt und eine Ansprache hält, trägt er ihn auf dem Haupt. Als er zwei Jahre später den amerikanischen Präsidenten John F. Kennedy am Flughafen empfängt, hält er ihn in der Hand: Niemals ohne seinen Hut, nicht ohne seinen Homburg, ging der erste deutsche Bundeskanzler Konrad Adenauer aus dem Haus. Fast immer ist er in der Öffentlichkeit mit seinem Markenzeichen, dem schwarzen „Homburg" zu sehen, der durch ihn zu einem Star unter den Hüten, zu „dem" Herrenhut in seiner Zeit wurde. Und diese charakteristische Kopfbedeckung, die er bei vielen offiziellen Anlässen getragen hat, befindet sich heute im Original im Hutmuseum im Gotischen Haus und kann dort ganz aus der Nähe betrachtet werden. Mehr noch: Sie steht im Zentrum einer Ausstellung, in der sich alles um den Hut im Allgemeinen und um den Homburger im Besonderen dreht. Eine Kopfbedeckung für den Herrn, die den Namen der Stadt Homburg – schon lange vor Adenauer – weltweit bekannt gemacht hatte.

Klassiker mit Geschichte

Denn damals, in den Fünfziger- und Sechzigerjahren, war der Homburger keineswegs eine modische Neuheit. Er war vielmehr ein Klassiker in der Hutszene, der auf eine lange Geschichte zurückblicken konnte. Diese reicht weit bis in das 19. Jahrhundert zurück, in die glanzvollen Zeiten der Kurstadt, als viele berühmte Gäste aus aller Welt nach Homburg kamen und jedermann noch Hut trug. Alles begann mit dem Besuch des Prinzen von Wales, dem späteren König von England Edward VII. in Homburg, der sich immer wieder gerne zur Kur hier aufhielt und dabei auch seine Verwandten, vor allem seinen Neffen, den späteren Kaiser Wilhelm II., traf. Bei einem seiner Aufenthalte im Jahr 1882 besichtigte der überaus modeinteressierte britische Kronprinz die hiesige Hutfabrik Möckel. Dabei habe er einige der bei den Kurgästen so beliebten sogenannten Homburger Hüte eingekauft, so lautet die Nachricht im Taunusboten vom 30. August 1882. Immer wieder heißt es in diesem Zusammenhang auch, dass ihn der Hut seines Neffen für eine eigene Version inspiriert habe. Gemeint ist der Jagdhut von Wilhelm II., der tatsächlich in der Form sehr ähnlich ist und ebenfalls von der Firma Möckel stammt.

Internationaler Modehit

Seit diesem Jahr 1882 jedenfalls trug der englische Thronfolger den eleganten Homburger in dezentem Grau und setzte damit weltweit einen Trend. Das neue Hutmodell mit seinem leicht schräg zulaufenden Kopfteil, das oben mit einer Einker-

Homburg-Hut von Bundeskanzler Konrad Adenauer

Konrad Adenauer mit schwarzem Homburg

bung versehen und rundum mit einem Schmuckband verziert ist, wurde nach seinem Vorbild zu einem Modehit: Es verdrängte nicht nur, aber vor allem in Homburg die älteren Hutformen. Nach und nach löste der Homburger mit seiner hochgebogenen Krempe den Zylinder und die Melone ab, die damals zur klassischen Ausstattung eines Herrn von Welt gehörten. Diese waren steif und unbequem, der Homburger Filzhut aber war leger, extrem leicht, aus besonders weichem Material hergestellt – so wie es auch auf dem Signet der Firma Möckel zum Ausdruck kommt, das einen fliegenden Vogel mit einem Hut im Schnabel zeigt.

Gefertigt wurde der Hut aus Tierhaaren, aus Hasen- oder Kaninchenhaaren, die mit speziellen Maschinen und Werkzeugen verarbeitet wurden: Vom Rohstoff bis hin zum fertigen Produkt gibt das Museum einen Einblick in die verschiedenen Stationen seiner Fertigung, die damals mit den neuesten Mitteln und Methoden erfolgte. Es war der Hutmacher Philipp Möckel, der aus dem väterlichen Handwerksbetrieb eine moderne Fabrik machte und sie auf den aktuellsten Stand der Technik brachte. Rasch expandierte das Unternehmen, in dem die neuesten Maschinen, angetrieben von der ersten Dampfmaschine in Homburg, zum Einsatz kamen. Ständig wuchs die Nachfrage nach den hochwertigen modischen Hüten aus Homburg, die in viele Länder Europas und auch nach Asien, Australien und Südamerika geliefert wurden. Auch der Prinz von Wales war so begeistert von dem Werk und der Werkstätte, dass er Möckel sogleich zu seinem Hoflieferanten machte. Ebenso wie später auch sein Neffe, Kaiser Wilhelm II. Noch bis zum Ersten Weltkrieg wuchs die Firma beständig, und auch nach Kriegsende konnte sie sich wieder von den schweren Zeiten erholen und in den Zwanzigerjahren die Produktion sogar verdoppeln. Bis schließlich nach der Weltwirtschaftskrise das endgültige Aus für die Homburger Hutfabrikation kam und die Firma in der Dorotheenstraße 8–10 im Jahr 1931 ihre Tore für immer schließen musste. Ihr berühmtestes Erzeugnis aber, der Homburg, der inzwischen eine andere Form angenommen hatte, sollte einige Zeit später einen erneuten Siegeszug antreten.

Bereits um das Jahr 1914 hatte sich die Form des Homburgers deutlich verändert: Sein Kopfteil war niedriger und dabei gerader beziehungsweise steiler geworden – also nicht mehr so hoch und schräg zulaufend. Weiterhin behielt er seine hochgebogene eingefasste Krempe und war dekoriert mit dem Schmuckband, das eine Schleife auf der rechten Seite besitzt. Als Farbe oder vielmehr Nichtfarbe wurde von nun an insbesondere Schwarz bevorzugt: Man trug jetzt vor allem den schwarzen Homburg zum schwarzen Anzug. Mit der Form änderte sich auch das Image, der Homburger wurde zu dem klassischen Hut für den Herrn. Und dies vor allem in der Welt der Politik und Wirtschaft. In Großbritannien war es der britische Politiker Anthony Eden, der seit den Dreißigerjahren eine ähnliche Hutform, allerdings mit gerader unbordierter Krempe, den sogenannten Demi-Homburger, populär machte. Der echte Homburg-Hut aber, der „Real Homburg Hat", blieb weiterhin in Europa und darüber hinaus ein beliebtes Modell, das viele berühmte Häupter schmückte. Zu den prominentesten Homburg-Trägern gehörten beispielsweise der englische Premierminister Winston Churchill und der amerikanische Präsident Dwight Eisenhower, der bei Amtsantritt anstelle des Zylinders einen Homburg aufsetzte. In der Bundesrepublik waren es unter anderen Ludwig Erhard oder Willy Brandt – und natürlich in besonderem Maße der erste deutsche Bundeskanzler Konrad Adenauer, der bei offiziellen und feierlichen Anlässen fast immer den schwarzen Homburg mit sich führte.

Der Prinz von Wales und spätere König von England, Edward VII., mit Homburg-Hut

Auf die Anfrage des Homburger Museums nach einem originalen Adenauer-Hut (wie man ihn damals auch nannte), bekam die Sammlung nicht nur ein Exemplar mit seinem Monogramm zugesandt. Auch eine Fotografie wurde mitgeschickt, die den Politiker mit seiner legendären Hutbedeckung zeigt. Konsequent trug der Bundeskanzler während seiner Regierungszeit seinen Hut und wurde damit zum Vorbild für Viele. Dank Adenauer erlebte der Homburg in seiner Ära noch einmal einen großen Aufschwung, bevor auch er – wie der klassische Hut im Allgemeinen – mehr und mehr aus der Öffentlichkeit verschwand. Aber nicht für immer: Denn gerade in jüngster Zeit zeigt sich wieder eine Art Renaissance für die Klassiker unter den Herrenhüten, sodass es heute wieder durchaus „in" sein kann, einen Homburg zu tragen. *Christine Jung*

Literatur: Katalog Bad Homburg 1985, S. 5–11

18/50 Hölderlins Wahnsinn IV

1971

Der Dichter im Turm

Hölderlin-Zyklus von Alfred Hrdlicka (Museum im Gotischen Haus, Bad Homburg)

Der Anfang liegt im Dunkeln: Nur schemenhaft tauchen einzelne Gestalten aus finsteren Gründen auf. Sie erscheinen wie Dämonen der Vergangenheit, die an das Grauen in den Zeiten der Revolution erinnern. Mit dieser Szene beginnt Alfred Hrdlicka seinen Zyklus über den Dichter Friedrich Hölderlin. Es ist die Geschichte seines „Wahnsinns", die hier in drei Bildern geschildert wird: Angefangen von der „Rückkehr aus Frankreich und Reise nach innen" reicht die Folge über den Aufenthalt „im Tübinger Klinikum" bis hin zu Hölderlins Dasein „im Turm beim Tischler Zimmer", wo er die zweite Hälfte seines Lebens – abgeschieden von der Welt – in innerer Zurückgezogenheit verbrachte.

In diesem Grafikzyklus, der den Titel „Hölderlin, Wahnsinn I-III" trägt, widmet sich Hrdlicka einem besonderen Abschnitt im Leben des berühmten Lyrikers: Und zwar einer Zeit der entscheidenden Wende, wie Hrdlicka in seinen Bekenntnissen schreibt, in der „die Historiker Hölderlin aus den Augen verlieren" (Hrdlicka 1984, S. 124). Das heißt: Er widmet sich der Zeit nach Hölderlins Aufenthalt in Frankreich, als bei dem Dichter die ersten Anzeichen einer psychischen Erkrankung bemerkt wurden. Man schrieb das Jahr 1802, als dieser in einen vollkommen verwirrten Zustand geriet, bis er schließlich vier Jahre später von den Ärzten für unheilbar geisteskrank erklärt wurde.

Mit dieser Lebensphase befasst sich der österreichische Künstler in seiner Bilderfolge aus den Jahren 1970/71 bis 1972, die im Gotischen Haus präsentiert wird. Ausgestellt ist hier ein bedeutendes Kunstwerk, geschaffen von einem der herausragenden Bildhauer und Grafiker des 20. Jahrhunderts, der stets den Menschen in das Zentrum seiner Kunst stellte. Immer wieder setzte sich der politisch engagierte Künstler in seinem figurativen Werk mit Leid und Schmerz, mit Gewalt, Krieg und Terror auseinander. Er zeigt den Menschen in extremen Situationen und vergegenwärtigt dabei verschiedene physische wie auch psychische Zustände.

Schon seit den Sechzigerjahren beschäftigt sich Hrdlicka intensiv mit der Welt der psychisch Erkrankten, die er in Kliniken studierte. Zahlreiche Zeichnungen sind entstanden, mehrere Grafiken wurden geschaffen. Dazu gehört außer „Hamlet" und „Rake's Progress" vor allem auch der Hölderlin-Zyklus, der sich dem Schicksal des 1770 in Lauffen am Neckar geborenen Dichters und seinem seelischen Leiden widmet. Warum Hölderlin erkrankte, woran er litt und inwiefern er geisteskrank war – diese Fragen sind in der Vergangenheit häufig diskutiert worden. Für Hrdlicka jedenfalls ist Hölderlin der „klassische Fall eines Introvertierten" und er fügt hinzu: „Übersteigertes, wohl unerfülltes Liebesbedürfnis, steht am Beginn des Zerwürfnisses mit seiner Umwelt"

Alfred Hrdlicka, „Im Turm beim Tischler Zimmer", Zyklus Hölderlin Wahnsinn III, 1971, Aquatinta auf Büttenkarton

(Hrdlicka 1984, S. 125). Gemeint ist damit die unglückliche Liebe des Dichters zu der verheirateten Susette Gontard aus Frankfurt am Main, in deren Haus er als Hofmeister angestellt war, bis er sich schließlich von der Familie trennen musste. Darüber hinaus waren es, wie Hrdlicka weiter vermutet, die „widrigen Umstände", das heißt „das Zerrissensein zwischen politischer Aufklärung, die von Frankreich ihren Ausgang nahm, und kleinstaatlicher Rückständigkeit, die Hölderlins idealistischem Höhenflug zu schaffen machten und ihn die Flucht nach Innen antreten ließen" (Hrdlicka 1984, S. 125). Und so beginnt der Künstler dann auch seinen Hölderlin-Zyklus mit Hölderlins „Reise nach innen", die sich zeitlich an seinen Frankreichaufenthalt anschließt.

Reise nach innen

Dunkel und düster wie eine Halluzination erscheint die erste Szene, die mehrere schaurige Figuren rund um eine Guillotine zeigt und damit die Schrecken während der Französischen Revolution in Erinnerung ruft. Es war Hölderlins Aufenthalt im nachrevolutionären Frankreich, der laut Hrdlicka zu dem Ausbruch der Krankheit führte. Er sei verwirrt und mit allen Anzeichen einer beginnenden Psychose zurückgekehrt, so der Künstler über den Zustand Hölderlins im Jahr seiner Rückkehr nach Deutschland. Die Zeitgenossen berichten von geistiger Verwirrung und vollkommener Verwahrlosung, für seine Freunde war er kaum noch wiederzuerkennen. Dazu kam im selben Jahr die Nachricht vom Tod der geliebten Susette Gontard, die ihn sicherlich stark erschütterte. Und dazu kam wenige Jahre später – als er auf Vermittlung seines Freundes Isaak von Sinclair eine Anstellung als Hofbibliothekar in Homburg erhalten hatte –, dass er in einen Prozess verwickelt wurde. Sinclair war wegen Hochverrats angeklagt und vorübergehend inhaftiert worden, und auch gegen Hölderlin wurde ermittelt, das Verfahren jedoch bald wieder eingestellt. Denn der Dichter war in einem ärztlichen Gutachten für wahnsinnig erklärt worden. Und so kam es schließlich dazu, dass er 1806 gegen seinen Willen zur Behandlung in eine Klinik nach Tübingen gebracht wurde.

Im Tübinger Klinikum

Diesem Klinikaufenthalt widmet sich Hrdlicka auf dem zweiten Bild seines Hölderlin-Zyklusses. Er zeigt mehrere Patienten in verrückten Erscheinungen, sie tauchen – mal am Boden liegend oder angekettet – aus schwarzen Flächen auf, während ihnen gegenüber eine aufrechte männliche Gestalt im hellen Licht erscheint. Nur wenige Monate blieb Hölderlin in der Psychiatrie, dann wurde er nach erfolgloser Therapie als unheilbar entlassen und nach Tübingen in Pflege zu einem Tischler gegeben.

Beim Tischler Zimmer

Damit beginnt seine Zeit abgeschieden von der Welt „im Turm beim Tischler Zimmer" – wie auch der Titel der letzten Szene von Hrdlicka lautet. Auf diesem dritten Bild ist links der Dichter mit seinem markanten Kopf im Profil zu erkennen, wie er gleichsam umnachtet in einem dunklen Raum steht. Ihm gegenüber erscheint vor dem Hintergrund der Tübinger Stadtansicht das eigene jugendliche Bildnis aus einer Zeit, als er dort noch voller Ideale am Stift studierte. Auch wenn er hier in seinem Turm in sich gekehrt und wie erstarrt wirkt, so weist doch seine Hand nach außen auf einen anderen bewegten Zustand hin. In seiner Linken hält er ein Büschel Gras mit Blumen, die er mitsamt Wurzeln ausgerissen hat. Ganz so, wie es auch sein erster Biograf Wilhelm Waiblinger überliefert, der ihn einige Zeit lang besuchte und begleitete. So ist bei ihm nachzulesen, dass er mit Hölderlin immer wieder nach draußen in die Natur ging, und dass der Dichter dabei manchmal Gras ausriss oder Blumen pflückte, um sie dann zu zerreißen und in die Tasche zu stecken. Davor oder daneben liegt im Freien ein Buch am Boden, in dem eine große Hand blättert, während sich sonst überall feine Linien in den Grund einschreiben – in engen Strichlagen sich verdichtend, die auf der rechten Seite auch an Berge von hoch übereinander gestapelten Papieren erinnern könnten. Jedenfalls erheben sich darüber mehrere Halbfiguren aus einem dunklen Grund heraus: Es sind vor allem königliche und geistliche Gestalten, die ihm vielleicht früher einmal begegnet sind und die ihm hier wohl im Geiste erscheinen. Schließlich betitelte er in dieser Zeit jeden Besucher als Majestät oder Heiligkeit, was nach den Worten seinen Biografen keine „fixe Idee“ oder Narrheit war, sondern vielmehr Ausdruck seines Zustandes, der – so Waiblinger – „nur der einer Geistesschwäche“ war (Waiblinger 2017, S. 107).

Mit allen Mitteln seiner Kunst schildert Hrdlicka eindrucksvoll den psychischen Zustand des berühmten Dichters im Turm, der einst ein großes literarisches Werk geschaffen hatte und nun die Flucht nach innen angetreten war. Es ist sein inneres Leben und Erleben, das hier im Äußeren sichtbar wird. Ein Zustand der geistigen Verwirrung, des „Wahnsinns“, in dem Hölderlin die Hälfte seines Lebens bis hin zu seinem Tod im Jahr 1843 verbracht hatte. *Christine Jung*

Literatur: Hrdlicka 1984, S. 124 f.; Katalog Bad Homburg 2016, S. 127 f.; Lewin 1989, S. 351–363; Waiblinger 2017

Der rote Junge und der Monarch

„Red Boy“ von Kenny Hunter (Museum im Gotischen Haus, Skulpturengarten, Bad Homburg)

Schon von Weitem lenkt er die Blicke der Besucher auf sich. Und auch aus der Nähe zieht er viele in seinen Bann. Die Rede ist von dem kleinen Jungen, der hier wie ein „Großer“ monumental in der Öffentlichkeit steht. Zu sehen ist eine Figur ganz in Rot, die sich nach klassischer Art auf einem Sockel erhebt: Ein Kind unserer Zeit, das an die Vergangenheit erinnert und dabei gleichzeitig in die Zukunft weist? Je näher man dem Werk kommt, je mehr man es betrachtet, desto überraschender wirkt es. Denn nichts ist hier so eindeutig und klar, wie es auf den ersten Blick scheint, vieles bleibt rätselhaft und offen für die Wahrnehmung des Betrachters.

„Red Boy“ ist der Titel der 2007 entstandenen Plastik des schottischen Bildhauers Kenny Hunter, die heute im Skulpturengarten des Gotischen Hauses aufgestellt ist. Ursprünglich war sie eigentlich für einen anderen Standort vorgesehen, mehr noch, sie war für einen speziellen Ort im Kurpark geschaffen worden. Und zwar für eine Platzierung auf der Grünfläche vor dem Kaiser-Wilhelms-Bad gegenüber dem Denkmal für Kaiser Wilhelm I. Hier war sie im Rahmen der Ausstellung „Blickachsen“ der Galerie Scheffel zu sehen, die alle zwei Jahre zeitgenössische Skulpturen von internationalen Künstlern im öffentlichen Raum präsentiert. Während dieser Freiluftausstellung standen sich beide Figuren, die zusammen eine Art Gesamtkunstwerk bildeten, in einigem Abstand, dabei aber frontal in einer Blickachse gegenüber.

Mit seinem „Red Boy“ nimmt der 1962 in Edinburgh geborene Bildhauer in besonderer Weise Bezug auf die Geschichte des Denkmals. Immer wieder zitiert er in seinen Werken die Kunst des klassischen Standbilds, immer wieder greift er Traditionen der Bildhauerkunst auf, die er vielfach hinterfragt und kommentiert: Ironisch, witzig und irritierend, immer hintersinnig wirken seine Arbeiten, die vieles vergegenwärtigen in Konfrontation mit dem Anderen. So auch und vor allem hier in dieser Gegenüberstellung der Jungenskulptur mit dem Herrscherdenkmal, das im Jahr 1905 zur Erinnerung an den deutschen Kaiser Wilhelm I. enthüllt wurde.

Dem Kaiser gegenüber

Es handelt sich dabei um eine überlebensgroße Statue, die auf Anregung seines Enkels, des letz-

Kenny Hunter, „Red Boy“, 2007, patinierte Bronze

„Red Boy“ im Kurpark vor dem Denkmal von Kaiser Wilhelm I., 6. Blickachsen-Ausstellung 2007

ten deutschen Kaisers Wilhelm II., zum Gedenken an den Großvater errichtet worden war. Sie zeigt den Monarchen in klassischer Haltung, gestützt auf seinen Degen und bekleidet mit einer Generalsuniform, über der er einen weiten Hermelinmantel trägt. Hoch erhoben steht er majestätisch auf seinem Sockel aus rotem schwedischem Granit vor dem Hintergrund des Kaiser-Wilhelms-Bades. In Bezug dazu erhielt die Bronzefigur des „Red Boy“ ihre Farbigkeit: Sie wurde in Anlehnung an den Denkmalsockel und das Sandsteingebäude rotbraun patiniert. So stand sie da während der Ausstellung 2007 im kontrast- und spannungsreichen Gegenüber mit dem Herrscherdenkmal.

Auf der einen Seite erscheint der berühmte Kaiser in monumentaler Größe, der erhaben und würdevoll über alles hinwegschaut. Und auf der anderen Seite der kleine unbekannte Junge, der sich vor dem großen Machthaber behauptet, sich ihm unvoreingenommen oder herausfordernd, vielleicht auch neugierig und fragend mit offener Handhaltung gegenüberstellt. Es liegen Welten zwischen den beiden Figuren: Hier der Ältere aus dem 19. Jahrhundert, der Mächtige, der bereits Geschichte geschrieben hat oder vielmehr Geschichte ist – ein Herrscher im fortgeschrittenen Alter, der auf eine lange Vergangenheit zurückblicken kann. Und dort die Jugend, die noch alles, das ganze Leben vor sich hat, die unschuldig und unbeschwert in die Zukunft schaut. Während der Kaiser reich und prunkvoll ausgestattet ist, erscheint der Junge ganz schlicht und einfach, lässig und alltäglich gekleidet. Dabei wirkt er in Farb- und Formgebung wie eine Figur aus einem Comic, die gerade Gestalt angenommen hat, um sich vor dem Denkmal zu erheben.

Wie der Kaiser, so steht auch der „Red Boy“ ernsthaft mit erhobenem Haupt in klassisch aufrechter Haltung auf seinem Sockel. Doch wer genau hinschaut, kann erkennen, dass es sich dabei keineswegs um einen herkömmlichen Sockel handelt, sondern vielmehr um ein Podest, das sich aus verschiedenen alltäglichen Gegenständen der modernen Lebenswelt zusammensetzt. Es sind ganz banale Dinge wie Verpackungen beziehungsweise Pizzakartons, aber auch Elektrogeräte, wie Fernseher und Mikrowelle. Sie wirken wie Schrottteile, die wiederverwendet und „standfest" übereinander gestapelt wurden, um die Position des Jungen zu erhöhen.

Bei der 6. „Blickachsen"-Ausstellung im Jahr 2007 war der „Red Boy" ein großer Publikumsliebling. Und so entschloss sich die Stadt, das Kunstwerk im Anschluss an die Skulpturenschau zu übernehmen und dauerhaft im öffentlichen Raum zu präsentieren. Da eine weitere Aufstellung vor dem Kaiser-Wilhelm-Denkmal nicht möglich war, entschied man sich für eine Platzierung auf der Skulpturenallee zwischen Bahnhof und Rathaus. Dort stand das Kunstwerk in den folgenden Jahren, bis es schließlich 2017 verlegt und im Skulpturengarten vor dem Gotischen Haus installiert wurde.

Im Skulpturengarten

Seitdem hat das Standbild seinen Platz auf der Grünfläche an der Elisabethenschneise vor dem Museum gefunden. Ausgerichtet ist es dabei auf die Fassade des neugotischen Baus, in deren Mitte künftig der Eingangsbereich des Museums liegen soll, wie Museumsleiterin Dr. Ursula Grzechca-Mohr berichtet. Gegenwärtig steht er neben der Figur von Hans Steinbrenner, die sich wie ein Wächter nach außen richtet, während sich der „Red Boy" umgekehrt dem Besucher zuwendet, der auf ihn zu oder an ihm vorbei auf dem Weg ins Museum geht. War es im Kurpark der Kaiser, dem der Junge entgegenblickte, so ist es jetzt der Museumsbesucher, der dem „Red Boy" – gleich auf mehreren Ebenen – begegnen kann. So begrüßt er den Herankommenden und fordert ihn dabei gleichzeitig zum Dialog heraus. Er lädt ihn ein zur Wahrnehmung seiner Person und Situation – ein kleiner Junge, hochgehoben auf ein Podest, dauerhaft präsent auf einem Stapel aus vergänglichen Alltagsobjekten, aus Gegenständen des täglichen Konsums. Dabei eröffnen sich dem Betrachter immer wieder neue Perspektiven. Je nach Blickwinkel gibt es variierende Ansichten, je nach Standpunkt ergeben sich verschiedene Einsichten, die dem Besucher viel Raum lassen für die eigene Wahrnehmung, für weiterführende Betrachtungen. *Christine Jung*

Literatur: Elsen 2015; Joch 2012; Scheffel 2007, S. 90–97

Da kommt die Maus

Die Bronzefigur von Isolde Schmitt-Menzel (Museum im Gotischen Haus, Skulpturengarten, Bad Homburg)

Hoch erhebt sie sich auf ihrem Sockel und empfängt den Besucher mit offenen Armen. Am Eingang des Gotischen Hauses steht eine Bronzefigur, die den Herankommenden mit einem Lächeln auf den Lippen begrüßt. Es ist die „Maus“ in charakteristischer Gestalt, aufrecht auf beiden Beinen stehend, mit weit geöffneten Augen und hochgestellten Ohren. Im Skulpturengarten steht eine Tierfigur, bekannt aus Film und Fernsehen, die 2013 von ihrer Erfinderin künstlerisch gestaltet wurde: Ganz groß ist sie geworden, die kleine Maus aus der berühmten Sendung, der hier ein besonderes Denkmal gesetzt wurde.

Wer kennt sie nicht, die lustige Trickfilmfigur mit den vielen Einfällen und verrückten Ideen? Wer hat nicht einen ihrer Auftritte im Fernsehen gesehen? Es gibt sicherlich kaum jemanden, der die orange-braune Maus mit dem klackenden Augenaufschlag nicht kennt. Wer aber weiß schon, von wem sie eigentlich stammt, wer sie einst vor fast 50 Jahren erschaffen hat? Und dass sie hier im Taunus entstanden ist, dass sie in Bad Homburg gleichsam das Laufen auf zwei Beinen gelernt hat?

Es war im Jahr 1971, als die Maus zum ersten Mal in der Sendung „Lach- und Sachgeschichten“ auftrat, die ein Jahr später wegen des großen Erfolgs in die „Sendung mit der Maus“ umbenannt wurde. Von Anfang an war die Zeichentrickfigur überaus beliebt, sie wurde schon bald zu einer berühmten Fernsehfigur nicht nur in Deutschland, sondern auch weit darüber hinaus. Und das hat sie vor allem ihrer Schöpferin zu verdanken, die sowohl ihr Aussehen als auch ihren Charakter geprägt hat.

Maus-Erfinderin

Isolde Schmitt-Menzel ist der Name der Künstlerin und Maus-Erfinderin, die 1930 in Eisenach geboren und dort aufgewachsen ist. Schon als Kind und Jugendliche verbrachte sie viel Zeit in der Natur, sie beobachtete, malte und zeichnete mit besonderer Vorliebe Tiere oder Pflanzen und kreierte fantasievolle Geschöpfe. Ihre Ausbildung erhielt sie an der renommierten Kunstschule Burg Giebichenstein in Halle, dort studierte sie freie Keramik bei Erika Greifenstein, belegte Schrift- und Buchgestaltung bei Herbert Post und Farbenlehre, Malerei und Aktzeichnen bei Charles Crodel. Anschließend gelangte sie nach einer Hospitanz in der Keramik-Werkstatt von Walter Popp in Dießen an die Werkkunstschule in Offenbach am Main, wo sie ihr Studium bei Herbert Post fortsetzte, der inzwischen die Leitung der Klasse Buchdruck und Kunst übernommen hatte. Es folgten Jahre intensiver künstlerischer Arbeit, in denen sich Isolde Schmitt-Menzel verschiedenen Künsten widmete – unter anderem

Isolde Schmitt-Menzel, „Maus“, 2013, Bronze

Die Fernseh-Maus in Bronze

entstanden große Wandbilder, Teppichentwürfe und Holzschnitte. Zunächst lebte die mehrfache Mutter in den Großstädten Köln und Frankfurt am Main, bis sie schließlich 1971 nach Bad Homburg zog. Hier richtete sie sich ihre eigene Keramik-Werkstatt ein und gestaltete Gefäße, Reliefs und Skulpturen, die sie später in Bronze gießen ließ. Außerdem entwarf sie auch „Kunst am Bau", schuf Werke für die Kirche Sankt Klara in Wiesbaden oder fertigte ein Kreuzweg-Relief für Sankt Sebastian in Oberursel-Stierstadt. Darüber hinaus beteiligte sie sich an Wettbewerben und zeichnete Pläne für zwei Brunnen in Bad Homburg, die allerdings nicht umgesetzt wurden.

Neben figürlichen und abstrakten Ölbildern, Aquarellen, Zeichnungen, Grafiken und Keramiken oder Batiken widmete sich die Künstlerin immer wieder auch insbesondere der Buchkunst. Sie illustrierte unter anderem Texte von Marie Luise Kaschnitz oder Friedrich Hölderlin, gestaltete Bücher und malte Bildergeschichten. Ihre frühesten Aufträge für das Fernsehen erhielt sie vom Hessischen Rundfunk: „Wibbelsterzchen" oder „Affengeschichten" hießen die ersten Geschichten, für die sie große Bilder zeichnete, die dann mit der Kamera abgefilmt wurden. Und auch Kurzgeschichten für das Sandmännchen sind in dieser Zeit entstanden, wie die „Maus Kathrein" und „Der dicke Mann".

Maus-Geschichte

1969 bekam sie schließlich vom WDR den Auftrag, eine Bildergeschichte mit dem Titel „Maus im Laden" zu illustrieren. Damit beginnt die Geschichte, oder vielmehr Vorgeschichte, der Maus. Wie sich die Künstlerin erinnert, war diese Bildergeschichte langweilig: „Da waren nur diese Zuckerdinger und Mehltüten zu malen … und die Mäuse auch noch grau. Ich entschied mich, sie alle verschiedenfarbig zu machen. Eine war orange mit braunen Ohren, das war der Held. Die hat dem WDR gefallen" (Schmitt-Ludwig 2012, S. 14). Daraufhin wurde sie vom Sender beauftragt, sich Bildergeschichten mit dieser Maus auszudenken – als Zwischenspots für die geplante Sendung „Lach- und Sachgeschichten", wie ihre Biografin Nicole Schmitt Ludwig im Katalog zur Ausstellung des Gotischen Hauses schreibt.

Für die neue Sendung gestaltete die Künstlerin die orangene Maus „aus dem Laden“ erst einmal um. Sie veränderte die Figur, gab ihr alle Möglichkeiten des Ausdrucks und stellte sie von vier auf zwei Beine – und fertig war die Maus. Damals hatte sie ihr typisches Äußeres und ihren einzigartigen Charakter erhalten, so wie wir sie auch heute noch kennen. „Stellen sie sich den Charlie Chaplin vor“, beschrieb sie damals dem Trickfilmzeichner die Maus, „wie der gelaufen ist mit diesem klick, klick. Die Maus ist neugierig und abenteuerlich. Ihr Charakter ist originell und ideenreich“ (Schmitt-Ludwig 2012, S. 14).

Am 7. März 1971 lief die erste Sendung und darin auch der erste Maus-Spot, dem viele weitere folgen sollten. Insgesamt 130 Storyboards hat sie geschaffen, in denen die Maus verschiedene Lach- und Sachgeschichten erzählt. In einer der ersten Szenen nimmt sie beispielsweise den Schwanz ab und springt mit ihm Seil. In einer anderen bläst sie einen Luftballon auf, dessen Luft wieder zurück in ihren Körper geht. Dreieinhalb Jahre lang entwickelte sie Geschichten für die Sendung mit der Maus, dann aber endete die Zusammenarbeit mit dem WDR, wie Nicole Schmitt-Ludwig in ihrem Beitrag über „Das spannende Leben der ‚Mutter der Maus‘“ berichtet. Die Maus aber hatte inzwischen ihre Prägung erhalten – und dies nicht nur im Film, in der Sendung mit der Maus, sondern auch in vielen eigenen Büchern, Hörspielen oder Spielen. Das Tier war, wie sie selbst betont, zu ihrem vierten Kind geworden. Mit anderen Worten, sie war und ist die „Mutter“ der Maus ebenso wie auch vieler anderer Tierfiguren (darunter der kleine Bär oder die Ratte Ida), die sich nach und nach hinzugesellten.

Im Laufe der Jahre hat die weitgereiste Künstlerin ein reiches, vielseitiges Werk geschaffen, in dem die Maus immer wieder eine große Rolle spielt. Viele Geschichten hat sie geschrieben, Bücher veröffentlicht, mehrere Spiele entwickelt und Gegenstände gestaltet: Sie malte und zeichnete die Maus in allen Lebenslagen und fertigte darüber hinaus viele plastische Werke aus Keramik und Bronze an. Anlässlich der Ausstellung ihres Lebenswerkes im Gotischen Haus von 2012 bis 2013 wurde sie gebeten, eine ihrer Maus-Statuen für den Skulpturengarten des Museums zu fertigen. Entstanden ist die größte jemals von ihr geschaffene Bronze-Maus, die nach dem handgefertigten Tonmodell der Künstlerin von der Kunstgießerei Bieber in Bronze gegossen wurde. Dabei ist diese noch junge Maus ganz die „alte“ geblieben, auch wenn sie nicht mehr genauso rundlich ist wie früher. So erscheint sie hier etwas schmaler, aber in unverkennbarer Gestalt, auf das Wesentliche konzentriert. Vor dem Museum steht sie aufrecht da, mit beiden Beinen fest auf dem Boden. Sie hat die Arme „offenherzig“ ausgebreitet und blickt mit wachen Augen interessiert in die Welt, neugierig auf ihr Gegenüber – den Kopf sicherlich schon voller Ideen und Einfälle. Eine groß gewordene Maus mit langer Geschichte ist hier zu sehen, die den kleinen und großen Museumsbesuchern viele Geschichten erzählen kann.

Christine Jung

Literatur: Grzechca-Mohr 2012; Schmitt-Ludwig 2012

Museen im Taunus

BraunSammlung

Vom Radiogerät und Plattenspieler über die Küchenmaschine bis hin zum Rasierapparat: Diese und viele andere Elektrogeräte aus der langjährigen Produktion der 1921 gegründeten Firma Braun sind in der Dauerausstellung der BraunSammlung zu sehen. Sie dokumentieren die Geschichte und Entwicklung der Braun-Geräte in Technik und Design von den Anfängen bis in die Gegenwart. Unter den Exponaten findet sich auch die Radio-Plattenspieler-Kombination „SK 4": Eine Designikone aus den Fünfzigerjahren, die unter dem Spitznamen „Schneewittchensarg" weltberühmt geworden ist. *cj*

BraunSammlung
WesterbachCenter
Westerbachstraße 23c
61476 Kronberg im Taunus
www.foerderkreis-braunsammlung.de

Burg- und Stadtmuseum Königstein

Eng mit der Geschichte der Stadt und Burg Königstein verbunden ist das „Alte Rathaus" in der Kugelherrnstraße: Das frühere untere Burgtor erhielt 1673 ein Fachwerkobergeschoss und diente seitdem fast 200 Jahre lang als Rathaus. Heute befindet sich hier das Burg- und Stadtmuseum. Seit 1968 zeigt es anhand von vieler Exponate die geschichtliche Entwicklung von Königstein und seiner Region. Im Zentrum der Dauerschau steht das 1909/10 erbaute Modell, das den Zustand der Königsteiner Festung vor ihrer Zerstörung im späten 18. Jahrhundert wiedergibt. *cj*

Burg- und Stadtmuseum Königstein
im „Alten Rathaus“
Kugelherrnstraße 1
61462 Königstein im Taunus
www.heimatkundeverein-koenigstein.de

Feuerwache Bad Homburg

Die älteste noch erhaltene Feuerspritze von Bad Homburg wurde 1810 in Butzbach gebaut und gelangte im Verlauf des 19. Jahrhunderts nach Kirdorf. Nach diversen Umzügen und zwischenzeitigem Verschwinden steht sie heute im Eingangsbereich der Feuerwache an der Dietigheimer Straße. Besichtigt werden kann die historische Gerätschaft am „Tag der offenen Tür“, der jährlich am zweiten Wochenende im August stattfindet.

Die Feuerwehr Kirdorf wurde am 21. November 1887 von 58 Bürgern des heutigen Bad Homburger Stadtteils gegründet. Erster Hauptmann war der Zimmerermeister Franz Sauer. Eine Jugendfeuerwehr-Abteilung wurde im Oktober 1975 ins Leben gerufen. Der angegliederte Spielmannszug gilt als der älteste seiner Art in Hessen – sein Gründungstermin fällt auf den Himmelfahrtstag 1894.

Erfunden wurde das Prinzip der Feuerspritze als Saug- und Druckpumpe von dem griechischem Techniker und Mathematiker Ktesibios, der in der ersten Hälfte des 3. Jahrhunderts vor Christus wirkte. Der Mann aus Alexandria soll unter anderem auch den Federkatapult und die Wasseruhr erfunden haben.

Mitte des 17. Jahrhunderts konstruierte ein Zirkelschmied aus Nürnberg eine mit Muskelkraft zu betreibende Handdruckspritze. Diese „Feuerspritzen“ genannten und aus Holz gefertigten Maschinen waren zunächst eine kaum zu bezahlenden Anschaffung für Dorfgemeinschaften. Im Herzogtum Nassau waren sie bis zum Ende des 19. Jahrhunderts im Gebrauch. *ov*

Freilichtmuseum Hessenpark

Vom kleinen Hirtenhaus bis zum großen Gutshof, von der Handwerksstätte zum öffentlichen Gebäude: Im Freilichtmuseum Hessenpark kann der Besucher verschiedene Bauten aus den letzten vier Jahrhunderten besichtigen und sich dabei auf eine Zeitreise in die hessische Vergangenheit begeben. Seit 1974 wurden hier mehr als hun-

dert historische Gebäude aus Hessen wiederaufgebaut und eingerichtet. Auf einer Fläche von 65 Hektar vermitteln sie – nach Baugruppen gegliedert – einen Eindruck vom ländlichen Leben und Arbeiten in früheren Zeiten. *cj*

Freilichtmuseum Hessenpark
Laubweg 5
61267 Neu-Anspach
www.hessenpark.de

Heimatmuseum Gemünden

Jahrhundertelang diente sie als Gotteshaus: Die Gemündener Kapelle, die 1580 zum ersten Mal erwähnt wurde. Dann wurde sie 1828 zu einem Backhaus, dem „Backes", umgebaut. Später war in dem Bau, den man inzwischen aufgestockt hatte, das Rathaus untergebracht, bis dann in den Siebzigerjahren des 20. Jahrhunderts das Heimatmuseum vom Landfrauenverein Gemünden eingerichtet wurde und seitdem von ihm betreut wird. Heute sind hier im oberen Stockwerk verschiedene Gegenstände des täglichen Lebens aus früheren Zeiten ausgestellt, während im Backraum die spätmittelalterlichen Wandmalereien aus dem Alten und Neuen Testament zu sehen sind, die 1996 entdeckt wurden. cj

Heimatmuseum Gemünden
Laubacher Straße 2
61276 Weilrod
www.gemuendentaunus.de

Heimatmuseum Gonzenheim

Das Gonzenheimer Museum befindet sich in dem letzten erhaltenen Haus des ehemaligen Kitzenhofes. Das nachgestellte Frankengrab gehört zu der im Erdgeschoss platzierten Abteilung Frühgeschichte. Neben dem gut erhaltenen Skelett können auch viele Grabbeigaben verschiedener Gräber in Augenschein genommen werden. Die Objekte stammen aus Begräbnisstätten, die im 19. und 20. Jahrhundert auf Gonzenheimer Gebiet entdeckt und ausgegraben wurden. Das Gonzenheimer Gräberfeld aus der fränkischen Epoche wurde im 7. Jahrhundert zwischen Frankfurter Landstraße, Römerstraße, Frankenstraße und Auf dem Schützbrett angelegt.

1982 hat sich der Geschichtliche Arbeitskreis Gonzenheim gegründet. Als Ausstellungsgebäude wurde das sanierte und erweiterte Kitzenhof-Haus im Mai 2013 der Öffentlichkeit übergeben, das die Ortsgeschichte im Wandel der Zeiten zeigt. *ov*

Heimatmuseum Gonzenheim im Kitzenhof
Am Kitzenhof 4
61352 Bad Homburg vor der Höhe
www.gagzh.de

Heimatmuseum Mammolshain

Der Heimatverein Mammolshain wurde 1990 gegründet. Seit 2000 kann er die Räume im Dorfgemeinschaftshaus nutzen. 2009 wurde hier auch das Museum eingerichtet. Schwerpunkt ist die Geschichte der einst selbstständigen Gemeinde Mammolshain. *aw*

Heimatmuseum Mammolshain
Oberstraße 4
61462 Königstein im Taunus
www.heimatverein-mammolshain.de

Heimatmuseum Schloßborn

Im ehemaligen Schulhaus von Schloßborn, in dem früher auch das Rathaus untergebracht war, befindet sich heute das Heimatmuseum. Hier, in dem historischen Gebäude aus dem Jahr 1821, zeigt der Heimat- und Geschichtsverein eine vielfältige Sammlung von Exponaten zur Geschichte von Schloßborn. Neben Werkzeugen aus Land- und Forstwirtschaft und früheren alltäglichen Gegenständen sind zahlreiche Holzbearbeitungswerkzeuge aus der Sammlung von Rolf Seegräber zu sehen. Zu den besonderen Attraktionen des Museums gehören außerdem die Kirchturmuhr von 1886, eine Glasvitrine mit Zeugnissen der Glasherstellung und der jahrhundertealte Dorfspieß von Schloßborn. *cj*

Heimatmuseum Schloßborn
Langstraße 11
61479 Glashütten
www.heimatverein-schlossborn.de

Heimatstube Ober-Erlenbach

Die Heimatstube Ober-Erlenbach wurde 1995 gegründet. Beheimatet ist sie in der alten Schule im Bad Homburger Stadtteil Ober-Erlenbach.

Im Mittelpunkt stehen außer den frühzeitlichen Funden noch Objekte aus der ehemaligen „Staatlich anerkannten Lehr- und Versuchsanstalt für gärungslose Früchteverwertung“, die hier von 1927 bis 1968 tätig war. Hinzu kommen in regelmäßigen Abständen wechselnde Sonderausstellungen. *aw*

Heimatstube Ober-Erlenbach
Am alten Rathaus 9
61352 Bad Homburg vor der Höhe
www.heimatstube-obererlenbach.com

Horex Museum

Das Horex Museum ist Teil des Städtischen historischen Museums von Bad Homburg.

Im Obergeschoss des Museums finden sich vier Konstruktionszeichnungen, die die fortgeschrittenen Planungen zum Bau eines Horex-Kleinstautomobils dokumentieren. Das „L3“ genannte Modell gelangte jedoch nie zur Serienreife. Die anlässlich des „Modellwechsels“ 2014/15 erstmals gezeigten Unterlagen stammen aus der Privatsammlung Fischer-Jene und sind als Schenkungen mittlerweile fester Bestandteil des Horex-Hauses.

Zur Sammlung gehört auch die Korrespondenz von Wolf Fischer-Jene, einem ehemaligen Horex-Geschäftsführer, mit dem damaligen Konstrukteur und Designer Louis L. Lepoix, der in Baden-Baden sein „Büro für Form und Technik / Industrielle Architektur“ betrieb. In die Entwicklungsplanungen einbezogen waren kurzzeitig auch Ideen zu einem Horex-Sportwagen.

Louis Lepoix (1918 – 1998) war nach dem Zweiten Weltkrieg ein führender europäischer Industrie-Designer. Zu seinen bekanntesten Kreationen zählen das BIC Einwegfeuerzeug und die Kienzle-Parkuhr. Der Franzose prägte wesentlich das Aussehen von Lkw-Fahrerkabinen und arbeitete für viele Marken – darunter auch für Traktoren-, Lokomotiven- und Elektronikhersteller. Sein Engagement für das Horex-Werk in Bad Homburg dauerte von Anfang bis Mitte der 1950er Jahre. In Baden-Baden ist eine Schule nach dem Designer benannt. *ov*

Horex Museum
Horexstraße 6
61352 Bad Homburg vor der Höhe
www.bad-homburg.de

Kirchturm-Museum St. Ursula

Der Kirchturm von St. Ursula beherbergt seit 1981 ein Museum, das sich in den ehemaligen Luftschutzräumen befindet. Auf drei Stockwerken ist hier eine Ausstellung sakraler Kunst aus Oberursel zu sehen. Sie zeigt verschiedene Sammlungsgegenstände aus der über 500-jährigen Pfarreigeschichte: Das Spektrum reicht von archäologischen Fundstücken über sakrale Kunstwerke und liturgisches Gerät bis hin zu Zeugnissen der Verehrung der Heiligen Ursula. Zu den Highlights der Sammlung gehören unter anderem der Reliquienaltar von 1513 und der Narrenkopf aus dem 15. Jahrhundert, der als sagenhafte „Flennels" in die Oberurseler Geschichte eingegangen ist. cj

Kirchturm-Museum St. Ursula
Sankt-Ursula-Gasse 15
61440 Oberursel (Taunus)
www.kath-oberursel.de

Museum Burg Kronberg

Weithin sichtbar erhebt sich die Burg Kronberg mit ihrem hoch aufragenden Freiturm über der Stadt. Hier, im Nordflügel der Mittelburg, befindet sich heute das Burgmuseum, das die wechselreiche Geschichte der mittelalterlichen Anlage und ihrer Eigentümer zeigt. Im Rahmen einer Führung können die Innenräume besichtigt werden. Dabei erfährt der Besucher viel über das Leben und Wirken der 1704 ausgestorbenen Kronberger Ritter, über die baugeschichtliche Entwicklung der Burg und deren Nutzung im Laufe der Jahrhunderte. Zu den besonderen Sehenswürdigkeiten gehören unter anderem die mittelalterliche Küche mit Gerätschaften, Brunnen und Feuerstelle, die rekonstruierte Ritterrüs-

tung eines Kronberger Ritters aus dem 14. Jahrhundert und der Tränenbecher von 1599. *cj*

Museum Burg Kronberg
Schlossstraße 10–12
61476 Kronberg im Taunus
www.burgkronberg.de

Museum im Gotischen Haus

Im ehemaligen Jagd- und Lustschlösschen der Landgrafen von Hessen-Homburg, dem seit 1823 erbauten Gotischen Haus, befindet sich heute das Städtische historische Museum. Es zeigt in einer Dauerausstellung die Geschichte der Stadt Homburg und der Landgrafen. Außerdem ist die Sammlung „Hut & Mode" zu besichtigen, die rund 300 Kopfbedeckungen aus verschiedenen Epochen und Kulturen präsentiert: Vom Zylinder für den Herrn über Modehüte der Damen und Trachtenhauben bis hin zu außereuropäischen Kopfbedeckungen führen die Exponate durch die Kulturgeschichte der Hüte.

Rund um das Gotische Haus gibt es darüber hinaus einen Skulpturengarten zu besichtigen, der zeitgenössische Werke von international renommierten Bildhauern zeigt. *cj*

Städtisches historisches Museum im Gotischen Haus
Tannenwaldweg 102
Bad Homburg vor der Höhe
www.bad-homburg.de

Museum Kronberger Malerkolonie

In der ehemaligen Künstlervilla des Malers Heinrich Winter befindet sich heute das Museum Kronberger Malerkolonie. Es zeigt im Erdgeschoss bedeutende Werke aus der eigenen Sammlung von Anton Burger bis Norbert Schrödl, die einen Überblick über die Entwicklung der Künstlerkolonie geben. Im ersten Obergeschoss sind wechselnde Ausstellungen zu sehen, die sich der Malerei des 19. Jahrhunderts bis hin zur aktuellen Kunst widmen. *cj*

Museum Kronberger Malerkolonie
Heinrich-Winter-Straße 4a
61476 Kronberg im Taunus
www.kronberger-malerkolonie.com

Museum Stadtgeschichte Kronberg

Vor den Toren der Burg Kronberg befindet sich das Museum Stadtgeschichte Kronberg. Es zeigt in einer Dauerausstellung die Historie der Stadt Kronberg seit dem 13. Jahrhundert. Dargestellt wird ihre Geschichte von den Anfängen unter den Herren von Kronberg über die Zeiten unter Kurmainz, Nassau und Preußen bis hin zu den Entwicklungen im 19. und 20. Jahrhundert. Am Ende des Rundgangs durch Kronbergs Stadtgeschichte, der an ausgewählten Exponaten vorbeiführt, sind die Fotografien und Filme des Apothekers und Erfinders Julius Neubronner zu sehen. *cj*

Museum Stadtgeschichte Kronberg
Schlossstraße 10 – 12
61476 Kronberg im Taunus
www.kronberg.de

Philipp-Reis-Haus und Hugenottenmuseum

Das ehemalige Wohnhaus des Erfinders Philipp Reis (1834 – 1874) beherbergt heute ein Museum: Im Erdgeschoss zeigt die Ausstellung die Entwicklung des Telefons von den Anfängen 1860 bis heute. Im Mittelpunkt stehen die ersten Fernsprecher, die der Friedrichsdorfer Lehrer entwickelt hat. Darüber hinaus wird im oberen Stockwerk die Geschichte der Stadt Friedrichsdorf veranschaulicht, die 1687 als Hugenottensiedlung von Landgraf Friedrich II. von Hessen-Homburg gegründet worden war. Hier kann man sich über das Leben der Hugenotten, ihre Kultur und ihr Gewerbe informieren. Zu sehen sind unter anderem Zeugnisse der Handarbeitskunst aus dem 18. Jahrhundert, Brautkronen und eine Familienbibel von 1735 sowie einzelne Kleidungsstücke, die zur Hugenottentracht gehörten. Einen Schwerpunkt der Ausstellung bildet die Textilfabrikation vor allem mit der Färberei. Außerdem werden einzelne Friedrichsdorfer Persönlichkeiten vorgestellt, wie der Universalgelehrte Édouard Désor. *cj*

Philipp-Reis-Haus und Hugenottenmuseum
Hugenottenstraße 93
61381 Friedrichsdorf
www.friedrichsdorf.de

Richard-Schirrmann-Museum

Die alten Wanderschuhe sind Teil des Richard-Schirrmann-Museums in Grävenwiesbach. In drei Räumen im Erdgeschoss des Familienhauses bewahrt Gudrun Schirrmann das Erbe ihres Vaters.

In Grunenfeld / Ostpreußen kommt Richard Schirrmann am 15. Mai 1874 zur Welt. Der Volksschullehrer ist ab 1903 in Altena im Sauerland ansässig, wo er das Konzept zur Schaffung von Jugendherbergen entwickelt. 1912 wird die erste dieser Einrichtungen in der Burg Altena eröffnet. In der Folge wachsen Jugendherbergen deutschlandweit und auch international zu festen Institutionen.

Während der Zeit des Nationalsozialismus aus dem Amt gedrängt und Repressalien ausgesetzt, siedelt sich Richard Schirrmann mit Familie in der am Rande des Usinger Landes gelegenen Gemeinde Grävenwiesbach an. Dort lebt der Gründer des Jugendherbergswerks von 1937 bis zu seinem Tod am 14. Dezember 1961. Nach dem Zweiten Weltkrieg arbeitet er an dem Wiederaufbau des deutschen und ausländischen Netzes. 1952 wird ihm das Große Verdienstkreuz der Bundesrepublik verliehen.

Seine schon in den 1940er Jahren verfasste und 1958 vom Jugendherbergswerk herausgegebene Schrift „Meine Wanderschuhe plaudern…" ist längst vergriffen und auch antiquarisch kaum noch zu bekommen. *ov*

Richard-Schirrmann-Museum
Mönchweg 2
61279 Grävenwiesbach

Besuchszeiten nach Vereinbarung, Voranmeldung erbeten unter info@richard-schirrmann.de

Römerkastell Saalburg

An der früheren Grenze des Römischen Reiches, dem Limes, erhebt sich auf dem Taunuskamm die Saalburg: ein ehemaliges Römerkastell, das vor über 100 Jahren wieder aufgebaut worden ist. Heute präsentiert sich die Anlage, die zum UNESCO-Welterbe Limes gehört, als ein Museum der besonderen Art: Bei einem Rundgang durch die Saalburg begibt sich der Besucher auf eine Reise in die Welt der Römer, die im Kastell mit Lagerdorf siedelten und die Grenze bewachten. Hinter den hohen Kastellmauern sind die wiedererrichteten Bauten aus dem 2. Jahrhundert n. Chr. zu sehen: vom Wohnhaus des Kommandanten über die Mannschaftsbaracken bis hin zur Kommandantur mit rekonstruierten Bereichen und inszenierten Räumen. Im Getreidespeicher und in der Werkhalle sind Alltags- und Kunstgegenstände ausgestellt, die einen Einblick in das Leben der Römer und Römerinnen geben. Darüber hinaus zeigt eine Dauerausstellung in der Kommandantur urgeschichtliche und frühmittelalterliche Funde aus der Umgebung des Limeskastells. *cj*

Römerkastell Saalburg Archäologischer Park
Am Römerkastell 1
61350 Bad Homburg vor der Höhe
www.saalburgmuseum.de

Schloss Bad Homburg

Von 1679 bis 1686 ließ Landgraf Friedrich II. das Bad Homburger Schloss erbauen. An der Stelle der mittelalterlichen Hohenburg, von der heute noch der Weiße Turm zeugt, entstand die barocke Residenz der Landgrafen von Hessen-Homburg. 1866 ging sie in preußischen Besitz über und wurde von den deutschen Kaisern bis 1918 als Sommersitz genutzt. Heute geben die Schlossräume einen Einblick in die Lebenswelt und Wohnkultur der Landgrafen und der kaiserlichen Familie. Der „Englische Flügel" zeigt die 1995 wiedereingerichteten Wohnräume der aus dem englischen Königshaus stammenden Landgräfin Elizabeth (1770–1840). *cj*

Schloss Bad Homburg vor der Höhe
61348 Bad Homburg vor der Höhe
www.schloesser-hessen.de

Stadtmuseum Usingen

Das Stadtmuseum von Usingen befindet sich im so genannten Kavaliershaus, welches am Schlossplatz neben dem Gebäude der Nassauischen Sparkasse zu finden ist. Hier stand vorzeiten die 1736 von Hofbaumeister Friedrich Joachim Stengel im Barockstil gestaltete Alte Geheime Kanzlei. Das Haus wurde abgerissen und 1975 durch einen seitenverkehrt gestellten Neubau ersetzt.

In dem „Gelben Haus" befanden sich Wohnungen, später ein Kindergarten und eine Bibliothek. Erste Ausstellungen wurden dort in den 1980er Jahren gezeigt. Als Eigentümerin fungierte anfangs die Jacob und Mathilde Steinmetz-Stiftung, welche es schließlich der Stadt Usingen übereignete. Verantwortlich für den Museumsbetrieb ist der Geschichtsverein Usingen. Er wurde 1975 ins Leben gerufen und hat heute 120 Mitglieder.

Der Themenbereich „Landsturmbataillon Nassau-Usingen" befindet sich im Erdgeschoss und gehört zur Dauerpräsentation. Neben der historischen Fahne samt Fahnenstange – eine Leihgabe des örtlichen Schützenvereins – werden Abbildungen, Namenslisten und ein Diorama gezeigt.

Über zwei Etagen erstreckt sich die insgesamt 110 Quadratmeter große Ausstellungsfläche. *ov*

Stadtmuseum Usingen
Schlossplatz
61250 Usingen
www.geschichtsverein-usingen.de

Stadttormuseum Wehrheim

Das Wehrheimer Torwächterhaus mit dem Stadttor gilt als das Wahrzeichen der Taunusgemeinde. Hier, in dem historischen Gebäude aus dem 18. Jahrhundert, befindet sich heute das Museum des Geschichts- und Heimatvereins, in dem wechselnde Sonderausstellungen gezeigt werden. Besonders sehenswert ist eine 3.000 Jahre alte Graburne, die bei Ausgrabungen eines bronzezeitlichen Gräberfeldes entdeckt worden war. Weitere Funde aus diesem Wehrheimer Grabungszusammenhang sind im Museum für Vor- und Frühgeschichte im Usinger Rathaus ausgestellt. cj

Stadttormuseum Wehrheim
Zum Stadttor 33
61273 Wehrheim
www.geschichtsverein-wehrheim.de

Vortaunusmuseum

Am Marktplatz befindet sich das Vortaunusmuseum in einem historischen Gebäude aus dem 18. Jahrhundert. Zu sehen sind hier umfangreiche Sammlungen mit Ausstellungsstücken zur Stadtgeschichte. Bei einem Rundgang kann man viel erfahren, unter anderem über die Vor- und Frühgeschichte der Stadt, über das Leben in der mittelalterlichen Burg, über die Industriegeschichte oder den Seifenkistenrennsport. Darüber hinaus findet sich hier die Hans-Thoma-Gedächtnisstätte. Sie zeigt das vielseitige Schaffen des berühmten Malers und Grafikers, der von 1894 bis 1898 die Sommermonate in Oberursel verbrachte. cj

Vortaunusmuseum
Marktplatz 1
61440 Oberursel (Taunus)
www.vortaunusmuseum.de

Literaturverzeichnis

Amrhein / Knieriem / Löhnig 2015
Carsten Amrhein, Peter Knieriem, Elke Löhnig, Glanz und Alltag – Preziosen aus den Sammlungen des Römerkastells Saalburg, Mainz 2015.

Baeumerth 1994
Karl Baeumerth, Ofenplatten der Hüttenmeisterfamilie Sorg aus dem Weiltal, in: Geschichtsverein Weilrod e. V. (Hg.), Weilroder Hefte für Geschichte, Volks- und Familienkunde, H. 7, 1994, S. 173–190.

Bauer 1993
Sofie Bauer, Burg Kronberg, Neustadt an der Aisch 1993.

Berg 2000
Ingrid Berg (Hg.), Die Glashütten auf dem Taunuskamm, Frankfurt a.M. 2000.

Berg / Steppuhn 2011
Ingrid Berg u. Peter Steppuhn, Glas aus dem Taunus, Glashandwerk von 1200–1700, Begleitpublikation zur Ausstellung der Taunus-Galerie im Kreishaus des Hochtaunuskreises, Bad Homburg v.d.H. 2011.

Bergmann 2010
Claus Bergmann, Zwischen Fürst und Bauer – Gräber der Frühlatènezeit mit besonderen Beigaben im Rhein-Main-Gebiet, in: Markus Marquart (Hg.), KeltenLand am Fluss, Die Kelten im Rhein-Main-Gebiet. Begleitband zur Ausstellung im Schlossmuseum Aschaffenburg 2010, Rahden/Westf. 2010, S. 19–24.

Böhme 1972
Astrid Böhme, Die Fibeln der Kastelle Saalburg und Zugmantel, in: Saalburg-Jahrbuch 29, 1972, S. 5–112.

Bothe 1908
Friedrich Bothe, Frankfurter Patriziervermögen im 16. Jahrhundert (II. Ergänzungsheft des Archivs für Kulturgeschichte), Berlin 1908.

Bothe 1928
Friedrich Bothe, Kleinode des Historischen Museums. I. Die Kuchelsteine des Goldschmieds Hartmann Kistener, in: Alt-Frankfurt. Geschichtliche Zeitschrift für Frankfurt und seine Umgebung, Nr. 4, 1928, S. 54–58.

Braun 2011
Braun GmbH (Hg.), 90 Jahre Braun (1921–2011), Bad Langensalza 2011.

Dittrich 2009
Erika Dittrich, Rollschuhe, Velociped, Wettermaschine: Nicht nur das Telephon – der unbekannte Erfinder Philipp Reis, in: Friedrichsdorfer Schriften, 9. Jg. 2009, S. 7–18.

Dittrich 2011
Erika Dittrich, 150 Jahre Telefon, „Ich nannte das Instrument Telephon“ oder: Wie ein Holzohr

die Gesellschaft veränderte, in: Friedrichsdorfer Schriften, 11. Jg. 2011, S. 7–43.

Dölemeyer 2008
Barbara Dölemeyer, Strafe, Strafvollzug und Strafdrohung im Bild, in: Georg Steinberg (Hg.), Recht und Macht, Zur Theorie und Praxis von Strafe, Festschrift für Hinrich Rüping zum 65. Geburtstag, München 2008, S. 377–392.

Elsen 2015
Thomas Elsen, … the nature of reality – über Kenny Hunter, in: British art+, Ausstellungskatalog Museum Biedermann, hg. v. Margit Biedermann Foundation, Freiburg 2015, S. 71–75.

Fischer 2001
Thomas Fischer (Hg.), Die römischen Provinzen, Eine Einführung in ihre Archäologie, unter Mitarb. v. Michael Altjohann, Stuttgart 2001.

Friedrich 1992a
Josef Friedrich, Narrengesichter, in: Hessische Heimat 1992, H. 2, S. 47–50.

Friedrich 1992b
Josef Friedrich, Kostbar gefaßte Reliquien verbürgten die Nähe der Heiligen und die Segnungen des kirchlichen Gnadenschatzes, in: Hessen und Thüringen – Von den Anfängen bis zur Reformation, Eine Ausstellung des Landes Hessen: Landgrafenschloss Marburg 1992 u. Wartburg Eisenach 1992, Wiesbaden 1992, S. 266.

Friedrich 2012
Josef Friedrich, St. Ursula zu Oberursel, Geschichte und Geschichten, 2. Aufl., Oberursel 2012.

Frommator 2013
Anja Frommator, Anton Burger (1824–1905), Zu Themenrepertoire und Stilentwicklung, Dissertation Universität Mainz 2011, 2013.

Grzechca-Mohr 2012
Ursula Grzechca-Mohr, Material- und Formenvielfalt im Werk von Isolde-Schmitt-Menzel, in: Ein Leben mit der Maus, Kunstwerke von Isolde Schmitt-Menzel, Schöpferin der Maus, Eine Ausstellung des Museums im Gotischen Haus Bad Homburg v.d. Höhe 2012/2013, Petersberg 2012, S. 21–59.

Hagedorn 2002
Brigitte Hagedorn, Die Lacktafeln der Prinzessin Elizabeth, Landgräfin von Hessen-Homburg, in: Froschkönige und Dornröschen, Einblicke in die Staatlichen Schlösser und Gärten Hessen, Bd. 3 2000/01, [Staatliche Schlösser und Gärten Hessen, Hg. Kai R. Mathieu], Regensburg 2002, S. 151–156.

Henninger 1850
Käthchen Henninger, Die Flennels, in: Der Taunuswächter, 20.6.1850, S. 94f.

Hörig / Schwertheim 1987
Monika Hörig u. Elmar Schwertheim, Corpus Cultus Iovis Dolicheni (CCID), Leiden u.a. 1987.

Hrdlicka 1984
Alfred Hrdlicka, Schaustellungen, Bekenntnisse in Wort und Bild, hg. v. Walter Schurian, München 1984.

Joch 2012
Peter Joch, Kenny Hunter, Time and Space Died Yesterday, in: Christian K. Scheffel (Hg.), Kenny Hunter, Time and Space Died Yesterday, Köln 2012, S. 9–19.

Katalog Bad Homburg 1985
„Gut behütet“, Begleitschrift zur ständigen Ausstellung des „Hutmuseums“ der Stadt Bad Homburg v.d. Höhe, hg. v. Magistrat der Stadt Bad Homburg v.d. Höhe, Bad Homburg v. d. H. 1985.

Katalog Bad Homburg 2014
Gesichter und Geschichten, Porträts aus 4 Jahrhunderten, Eine Ausstellung des Städtischen historischen Museums / Museum im Gotischen Haus Bad Homburg v.d. Höhe 2014/2015, Petersberg 2014.

Katalog Bad Homburg 2016
100 Jahre Sammeln. Geschichte und Schätze des Städtischen historischen Museums. Eine Ausstellung im Gotischen Haus und im Horex Museum Bad Homburg v.d. Höhe 2016/2017, Petersberg 2016.

Katalog Bad Homburg 2017
Im Dienste des Hofes, Der Hessen-Homburger Hofmaler Johann Friedrich Voigt (1792–1871), Katalog zur Ausstellung im Städtischen historischen Museum / Museum Gotisches Haus, Bad Homburg v.d. Höhe 2017/2018, Petersberg 2017.

Katalog Frankfurt 2004
Anton Burger 1824–1905, Zum 180. Geburtstag, Katalog zur Ausstellung 2004, hg. v. Hans Giersch – Museum Regionaler Kunst, Frankfurt a.M. 2004.

Katalog Kronberg 2011
Ingrid Ehrhardt, Fritz Wucherer 1873–1948, zum Sehen geboren ..., Ausstellungskatalog Museum Kronberger Malerkolonie, hg. v. d. Museumsgesellschaft Kronberg e. V., Kronberg 2011.

Klomann 2014
Alwin Klomann, Der Schloßborner Dorfspieß, Das Zeichen für Befehlsgewalt im alten Dorf fand sich zwischen den Archivakten, in: Jahrbuch Hochtaunuskreis 2014, S. 160–165.

Krämer 2013
Felix Krämer, Hans Thoma „Lieblingsmaler des deutschen Volkes“, in: Felix Krämer und Max Hollein (Hg.), Hans Thoma „Lieblingsmaler des deutschen Volkes“, Ausstellung im Städel-Museum, Köln 2013.

Ladendorf 1935
Heinz Ladendorf, Der Bildhauer und Baumeister Andreas Schlüter, Berlin 1935.

Lata 2005
Sabine Lata, Wolf Traut als Maler, Nürnberg 2005.

Laufer 1999
Eckhard Laufer, Wehrheim, das Tor zur Bronzezeit im Usinger Land, in: Jahrbuch Hochtaunuskreis 1999, S. 167–175.

Lewin 1989
Michael Lewin, Alfred Hrdlicka. Das Gesamtwerk. Bd.3, Die Druckgraphik, Teil 1 (1947–1973), Wien u.a. 1989.

Lingens 2013
Peter Lingens, Ein „Kuchelstein" aus der Frankfurter Sammlung Stalburg im Bad Homburger Museum, in: Unser Homburg, 56. Jg. 6–7, 2013, S. 36 f.

Moneta 2010
Cecilia Moneta, Der Vicus des römischen Kastells Saalburg, Text u. Katalogband, Mainz 2010.

Müller 2001
Martin Müller, Erinnerungen an Sophie Bergman-Küchler, in: Mitteilungen des Vereins für Geschichte und Heimatkunde Oberursel (Taunus) e. V., H. 41, 2001, S. 11–13.

Museumsgesellschaft 1983
Museumsgesellschaft Kronberg im Taunus (Hg.), Hans Thoma in Frankfurt und im Taunus, Frankfurt a.M. 1983.

Museumsgesellschaft Kronberg 1988
Museumsgesellschaft Kronberg e. V. (Hg.), Anton Burger 1824–1905, Maler des alten Frankfurt und Gründer der Kronberger Malerkolonie, Frankfurt a.M. 1988.

Neubronner 1920
Julius Neubronner, 55 Jahre Liebhaberphotograph, Frankfurt a.M. 1920.

Neubronner 1982
Julius Neubronner, Ein halbes Jahrhundert Cronberger Malerkolonie, 1912, in: August Wiederspahn u. Helmut Bode, Die Kronberger Malerkolonie, Ein Beitrag zur Frankfurter Kunstgeschichte des 19. Jahrhunderts, 3. Aufl., Frankfurt a.M. 1982, S. 318–360.

Reepen 1996
Iris Reepen, Motive der Chinoiserie in Europa – Vorbilder, Vorlagen, Parallelen, in: Iris Reepen, Edelgard Handke u.a., Chinoiserie – Möbel und Wandverkleidungen, Katalog 5, Bestandskatalog der Verwaltung der Staatlichen Schlösser und Gärten Hessens anlässlich der Ausstellung „Schätze aus hessischen Schlössern – Chinoiserien und Asiatika" 1996, Bad Homburg u. Leipzig 1996, S. 29–70.

Ressos 2014
Xenia Ressos, Samson und Delila in der Kunst von Mittelalter und früher Neuzeit, Petersberg 2014.

Ronner 2006
Wolfgang Ronner, Der Tränenbecher der Kronbergerin. Neben dem Tafelbild vom Sieg der Kronberger über Frankfurt im Jahre 1389 das einzige Objekt aus dem Besitz der Burgerbauer und Stadtgründer Kronbergs, in: Jahrbuch Hochtaunuskreis 2006, S. 112–115.

Scheffel 2007
Christian K. Scheffel (Hg.), Blickachsen 6, Köln 2007.

Scherzer 2001
Joachim Scherzer, Das Vermächtnis der Sophie-Bergman-Küchler, in: Mitteilungen des Vereins für Geschichte und Heimatkunde Oberursel (Taunus) e.V., H. 41, 2001, S. 1–10.

Schmitt-Ludwig 2012
Nicole Schmitt-Ludwig, Das spannende Leben der „Mutter der Maus", in: Ein Leben mit der Maus, Kunstwerke von Isolde Schmitt-Menzel, Schöpferin der Maus, Eine Ausstellung des Museums im Gotischen Haus Bad Homburg v.d. Höhe 2012/2013, Petersberg 2012, S. 6–19.

Schrödl 1922
Norbert Schrödl, Ein Künstlerleben im Sonnenschein, Frankfurt a.M. 1922.

Steppuhn 2006
Peter Steppuhn, Waldglashütten im Taunus, Geschichte – Archäologie – Produkte, unter Mitarbeit von Ingrid Berg, hg. v. Freilichtmuseum Hessenpark, Frankfurt a.M. 2006.

Verein für Geschichte und Heimatkunde der Stadt Kronberg e.V. 1989
Verein für Geschichte und Heimatkunde der Stadt Kronberg e.V. (Hg.), Die Schlacht bei Cronberg am 14. Mai 1389, H. 1, 1989.

Verein für Heimatkunde e.V. Königstein 2010
Verein für Heimatkunde e.V. Königstein, Die Reichsburg und Festung Königstein im Taunus, 12. Aufl. 2010.

Waiblinger 2017
Wilhelm Waiblinger, Friedrich Hölderlins Leben, Dichtung und Wahnsinn, mit einer Einleitung von Kurt Oesterle, Tübingen 2017.

Weber-Mittelstaedt 1986
Andrea Weber-Mittelstaedt, Fritz Wucherer 1873–1948, Ein Künstler der Kronberger Malerkolonie, Kronberg i.T. 1986.

Wucherer 1973
Fritz Wucherer, Lebenslauf und Jugendbriefe, hg. v. Helmut Bode, Frankfurt a.M. 1973.

Zitzlsperger 2014
Philipp Zitzlsperger, Schlüters Portraitbüste des „Prinzen von Homburg", in: Hans-Ulrich Kessler (Hg.) Andreas Schlüter und das barocke Berlin, München 2014, S. 359–369.

Abbildungsnachweis

Copyright BRAUN P&G, S. 134, 136
Geschichtsverein Usingen e. V., S. 82, 84
Christine Jung, S. 17, 18, 20, 21, 34, 36–42, 44–47, 49, 54, 56–58, 61, 65, 70, 72–74, 77, 85, 94, 97, 110, 112, 113, 124, 154, 156, 158–160, 161 rechts, 162 rechts, 163–168
Eckhard Laufer, S. 14–16
Alwin Klomann, S. 66, 68
Peter Knierriem, S. 22, 26, 28
Margit Matthews, S. 76
Norbert Miguletz, S. 50, 86, 90, 146
Philipp-Reis-Haus, S. 95, 96
Jens Priedemuth, S. 30, 32, 138, 140, 161 links, 162 links
Jochen Reichwein, S. 10, 12, 62, 78, 80, 126, 128–130, 132
Sybille Rieber, S. 122
Copyright Römerkastell Saalburg, S. 22, 26, 28
Alexander Schirrmann-Ayeni, S. 114, 116, 117
Christoph Schlott, Bildarchiv Terra Incognita e.V, S. 118, 121
Julia Schwager, S. 152
Städtisches historisches Museum, Bad Homburg v. d. Höhe, S. 50, 86, 90, 102, 104, 142, 144–146
Courtesy Stiftung Blickachsen gGmH, Bad Homburg & Künstler, S. 150, 152
Stiftung Kronberger Malerkolonie, S. 98
Vortaunusmuseum, S. 106

Wir haben uns bemüht, die Inhaber der Urheber- und Nutzungsrechte für die Abbildungen zu ermitteln und deren Veröffentlichungsgenehmigung einzuholen. Falls dies in einzelnen Fällen nicht gelungen sein sollte, bitten wir die Inhaber der Rechte, sich an den Verlag zu wenden. Berechtigte Ansprüche werden selbstverständlich abgegolten.

Autoren

Dr. Christine Jung,
geb. 1963 in Bad Homburg. Studium der Kunstgeschichte sowie der Klassischen und Vorderasiatischen Archäologie an der Johann-Wolfgang-Goethe-Universität Frankfurt am Main. Tätigkeiten in Verlagen, Archiven und Museen. Seit 2006 freie Autorin.

Olaf Velte,
geboren 1960, lebt in Wehrheim im Taunus und verdient sein Brot als freier Journalist und Schafzüchter. Seit 1995 sind 15 Bücher von ihm erschienen – zuletzt die Gedichtsammlung „Unterm Feldberg“ (Wenzendorf 2017) sowie die Prosa „Reuters Kiste“ nebst Begleitband „Ein gewisser Christian Reuter aus Kütten“ (Frankfurt im Herbst 2015). Förderpreis der Deutschen Schillerstiftung im Jahre 2003. Für die während eines hessischen Stipendiums in Krumau an der Moldau entstandene „Böhmerwaldmappe“ wird eine Verlagsheimat gesucht. Velte hat den Beruf des Verlagskaufmannes im traditionsreichen, aber nicht mehr bestehenden Brönner- und Umschau-Verlagshaus in Frankfurt am Main erlernt. Ein späteres Studium widmete sich der Germanistik, der Philosophie und der Theaterwissenschaften. Über Jahrzehnte war er Regisseur, Darsteller und Leiter der Wehrheimer „Spielbühne“. Mit Familie lebt er weiterhin in Wehrheim, hinterm Limeskamm, unweit der Römerkastelle Saalburg und Kapersburg (im ehemals „unzivilisierten“ Gelände).

Alexander Wächtershäuser,
geboren 1966 in Bad Homburg, arbeitet seit 2002 als Journalist. Bereits in seiner Studienzeit beschäftigte er sich mit lokalgeschichtlichen Themen. Schon 1989 war er ehrenamtlicher Mitarbeiter der Arbeitsstelle für Flurnamen und Kartenforschung, später des Kreisarchivs des Hochtaunuskreises. Er hat unter anderem Aufsätze für das Jahrbuch des Hochtaunuskreises zu namenkundlichen Themen verfasst und an Büchern mitgewirkt. Dazu zählen „Das Jahrhundert im Taunus“ oder auch das dreibändige „Mühlenkataster des Hochtaunuskreises“.